提升乡村学生发展质量的实践探索

——基于城乡中小学一体化发展的视角

张思梦 著

 中国商业出版社

图书在版编目（CIP）数据

提升乡村学生发展质量的实践探索：基于城乡中小学一体化发展的视角/张思梦著．—北京：中国商业出版社，2024.1
ISBN 978-7-5208-2819-2

Ⅰ．①提… Ⅱ．①张… Ⅲ．①乡村教育－研究－中国 Ⅳ．①G725

中国国家版本馆 CIP 数据核字（2023）第 247026 号

责任编辑：滕　耘

中国商业出版社出版发行
（www.zgsycb.com　100053　北京广安门内报国寺 1 号）
总编室：010－63180647　编辑室：010－83118925
发行部：010－83120835/8286
新华书店经销
昌昊伟业（天津）文化传媒有限公司印刷
*
710 毫米×1000 毫米　16 开　10.75 印张　150 千字
2024 年 1 月第 1 版　2024 年 1 月第 1 次印刷
定价：39. 80 元
*　*　*　*
（如有印装质量问题可更换）

前　言

准备了许久，才敢落笔写这本书。一是因为城乡中小学一体化发展是一个相对而言比较新的话题，我希望能在本书中尽可能多地提供丰富鲜活的案例，以帮助读者从不同角度，更深入地认识和理解城乡中小学一体化发展对乡村学生发展质量提升的影响，这就需要比较多的时间收集、准备和整理这些案例材料。二是我希望本书呈现的内容能最大限度地客观、真实地反映城乡中小学一体化发展对乡村学生发展质量提升的影响，因而在本书的前期准备阶段，我不仅花费了大量的时间在访谈和对访谈资料的分析上，而且用了很长的一段时间思考：为什么要写这本书？这是一本什么样的书？这本书适合谁读？

1. 为什么要写这本书？

在城乡二元结构的影响下，我国城乡教育发展不均衡的问题长期存在，优质教育资源缺乏、教育质量亟待提升是我国乡村教育面临的重要问题。为了缩小城乡教育差距，促进乡村教育发展，国家2010年出台了《国家中长期教育改革和发展规划纲要（2010—2020)》，明确资源配置向农村倾斜，以政策形式将“建立城乡一体化义务教育发展机制”写到教育发展的规划中；2017年国家提出乡村振兴发展战略，2022年再次明确要提高农村教育质量，“扎实推进城乡学校共同体建设”，城乡中小学一体化发展成为我国缩小城乡教育差距，促进乡村教育质量提升的重要途径之一。

不同区域积极响应国家政策，做了许多关于城乡中小学一体化发展的实践尝试。以北京市昌平区为例，昌平区已经尝试了名校办分校、“手拉手”、集团化办学等多种城乡中小学一体化发展形式，积累了一定的实践经验，这些经验既有体现昌平地方性的，也有普适性的。目前，城乡中小学一体化发展是一个比较新的发展模式，我们还处在探索阶段，研究分析城乡中小学一体化发展对乡村学生发展质量提升的影响，提炼现有的城乡中小学一体化发展的实践经验，不仅可以深化我们对城乡中小学一体化发展的认知，而且可以为深入实施城乡中小学一体化发展来提升乡村学生发展质量提供借鉴和思考。

2. 这是一本什么样的书？

这是一本聚焦城乡中小学一体化发展对乡村学生发展质量提升的影响这一核心的书。为了深入、清晰地讨论这一问题，本书的第一章说明了从城乡中小学一体化发展的视角研究乡村学生发展质量提升的原因；第二章明确了本书所指的城乡中小学一体化发展的内涵及主要路径，以及对城镇学校和乡村学校的理解；第三章说明了本书讨论的学生发展质量的内涵，并且梳理了学生发展质量提升的理论基础和学生发展质量的影响因素，这也是全书案例分析的理论基础；第四章到第六章分别探究了城乡中小学一体化发展后对乡村学生发展质量的提升效果，城乡中小学一体化发展助力乡村学校提升乡村学生发展质量的路径，城乡中小学一体化发展背景下提升乡村学生发展质量的关键做法；第七章讨论了城乡中小学一体化发展中存在的问题与展望。

这是一本源自一线中小学践行城乡中小学一体化发展的真实实践经验的书。书中的案例，呈现了学校参与城乡中小学一体化发展项目中鲜活的做法；书中的访谈资料，体现了学校领导对城乡中小学一体化发展项目的真实感受和个人思考；书中的问卷调查数据，说明了学校一线教师对城乡中小学一体化发展提升乡村学生发展质量的评价；书中的照片，描绘了师生在参与城乡中小学一体化发展项目中的真实场景。鲜活的实践案例可以给我们提供观察城乡中小学一体化发展对乡村学生发展质量提升的一个窗口；丰富的实践经验提醒我们需要客观地思考“在城乡中小学一体化发展的背景下，如何提升乡村学生发展质量”。

3. 这本书适合谁读？

这是一本普适性很高的书。书中有新建校在城乡中小学一体化发展背景下高效发展的经验，有薄弱校在城乡中小学一体化发展项目中成长的做法，也有一线教师在城乡中小学一体化发展项目中的成长经历，还有在城乡中小学一体化发展背景下城镇学校助力乡村学校提升管理能力、课程建设能力、教师队伍建设能力的方法，等等。不同的读者从自己的角度解读和思考书中的内容，会有不同的收获。

张思梦
2023 年 12 月

目　　录

第一章　从城乡中小学一体化发展的视角研究乡村学生发展质量提升的原因

第一节　时代呼唤乡村教育质量提升

一、乡村教育质量提升是乡村振兴战略的重要支点

党和国家高度重视乡村教育质量提升和教育优质均衡化发展，《乡村振兴战略规划（2018—2022年）》明确提出要提升乡村教育质量，缩小城乡教育差距；在2021年政府工作报告中再次明确要推动义务教育优质均衡发展和城乡一体化，加快补齐乡村办学条件短板。自2000年以来国家持续对乡村义务教育的倾斜性投入后，我国城乡义务教育在学生的入学机会、学校的硬件设施、经费拨款和师资配置等方面的差距在缩小①②，但是城乡义务教育质量仍然存在一定差距③。

---

① 李春玲. 教育不平等的年代变化趋势（1940—2010）——对城乡教育机会不平等的再考察［J］. 社会学研究，2014，29（02）：65－89＋243.

② 吴愈晓. 中国城乡居民的教育机会不平等及其演变（1978—2008）［J］. 中国社会科学，2013（03）：4－21＋203.

③ 李敏谊，管亚男. 从国际比较与地区差异的视角反思PISA 2015测试的中国成绩［J］. 教育生物学杂志，2017，5（01）：15－20.

乡村教育振兴是乡村振兴的重要支点。乡村振兴离不开人才和乡村人口整体素质的提升，一方面，乡村教育是为乡村培养人才的重要支持系统，从乡村的学校走出去的人才承载着对乡村的情感，是乡村最具潜力的建设者，也是建设乡村的中坚力量；另一方面，乡村教育在提升乡村人口整体素质上发挥重要作用，是传播知识、塑造文明乡风的重要方法之一。

二、乡村教育质量提升是推进教育优质均衡化发展的重要环节之一

在城乡二元结构的影响下，我国城乡教育发展不均衡的问题长期存在。城乡教育发展不均衡的问题日益突出，就乡村教育而言，主要表现为缺乏优质教育资源，教育质量亟待提高。自 1978 年我国普及初等教育开始，到 2015 年已经全面普及九年义务教育，义务教育的发展成就十分可喜，但是区域之间、城乡之间、学校之间的办学水平和教育质量差异明显。

随着社会经济的发展，城乡教育发展不均衡与人民日益增长的对于高质量的教育需求之间的矛盾逐渐突出，可见缩小城乡教育差异，提升乡村教育质量是推进教育优质均衡化发展的重要环节之一。

三、乡村教育质量提升的表现之一是学生发展质量提升

乡村教育质量提升的表现之一是学生发展质量提升。学生发展质量是一个综合性指标，以教育结果为导向来看待教育质量的学者普遍认为，成绩不是衡量学生发展质量的唯一指标，还应该包括学生态度、行为、价值观等方面的改变[①]，即学生发展质量应该包括学业水平和综合

① 托斯坦·胡森，施良方. 论教育质量（特约稿）［J］. 华东师范大学学报（教育科学版），1987（03）：1－10.

素质两个方面。相关研究指出，乡村学生发展质量的影响因素包括教育经费[①]、教师队伍质量[②]、家庭因素[③]和学生生源，并提出了一系列提升乡村学生发展质量的方法，包括对乡村学校加大财政投入、提高乡村教师福利待遇[④]、加强乡村教师培训[⑤]、设立乡村特岗教师[⑥]、对家长做家庭教育指导[⑦]等。总的来说，从制度和财政层面提出促进乡村学生发展质量提升的方法比较多。

第二节　城乡中小学一体化发展是提升乡村学生发展质量的重要举措

一、国家政策支持

城乡教育一体化是国家层面提出的提升乡村教育质量，增加乡村优质教育资源供给，促进教育公平的重要举措。为此，国家先后出台一系列促进城乡教育一体化发展的政策，以缩小城乡教育差距，促进乡村教

---

① 邬志辉，马青．当前我国乡村义务教育公用经费的困境与破解［J］．教育科学，2007（06）：42－46.

② 舒立国，阿拉坦巴根．农村中小学生心理健康现状调查与对策［J］．校园心理，2020，18（02）：113－116.

③ 朱惠．家庭社会经济地位、家庭教育投入对中学生学业成就的影响研究［D］．石河子：石河子大学，2022.

④ 陈虎强，杨思．我国中小学教师需要结构的特点及其激励策略［J］．教育测量与评价（理论版），2008（04）：13－17.

⑤ 刘善槐，王爽，武芳．我国农村小规模学校教师队伍建设研究［J］．教育研究，2017，38（09）：106－115.

⑥ 罗丹．“特岗计划”：我国农村义务教育质量提升的新思路［J］．内蒙古教育，2012（03）：21－23.

⑦ 边玉芳，袁柯曼，张馨宇．我国学校家庭教育指导服务体系的现状、挑战与对策分析——基于我国9个省（市）的调查结果［J］．中国教育学刊，2021（12）：22－27＋78.

育发展。自2005年国家针对城乡义务教育的差距提出“义务教育均衡发展”政策后，2010年出台《国家中长期教育改革和发展规划纲要(2010—2020)》，明确资源配置向乡村倾斜，以政策形式将“建立城乡一体化义务教育发展机制”写到教育发展的规划中；2016年，国务院印发《关于统筹推进县域内城乡义务教育一体化改革发展的若干意见》明确要努力办好乡村教育，并为推动县域内城乡义务教育一体化的发展提出了多项具体措施；党的十九大报告提出了“推动城乡义务教育一体化发展，高度重视乡村义务教育”；2021年政府工作报告再次明确，要推动义务教育优质均衡发展和城乡一体化，加快补齐乡村办学条件短板；党的二十大报告提出“加快义务教育优质均衡发展和城乡一体化，优化区域教育资源配置”。由此可见，党和国家高度重视乡村教育质量提升和教育优质均衡化发展，并将城乡教育一体化发展作为促进乡村教育质量提升的重要举措。

二、各级政府积极实践

在各级政府的通力合作和统筹协调下，城乡义务教育一体化建设在各地如火如荼地展开，致力于补齐乡村教育短板，着重解决“乡村弱”的问题，成果显著。

国家层面，首先，加大了对乡村教育投入的力度。《国务院关于推动城乡义务教育一体化发展 提高农村义务教育水平工作情况的报告》显示，2017年，乡村普通小学、初中生均教育经费支出分别达到1.14万元、1.55万元，比2012年分别增长59.3%、61.9%。其次，推进了乡村学校的标准化建设。经过实施全面改善贫困地区义务教育薄弱学校基本办学条件项目和教育现代化推进工程，2017年，全国832个贫困县的94.7%的义务教育学校办学条件达到“底线要求”，乡村学校面貌得到明显改善。再次，扎实推进基本均衡评估，2017年底，全国81%

的县通过了义务教育基本均衡发展督导评估认定。最后，努力提高乡村教育水平。2018 年国务院印发了《关于全面加强乡村小规模学校和乡镇寄宿制学校建设的意见》，特别强调通过多种途径加强乡村学校教师队伍建设，利用“互联网 + 教育”方式，提高乡村学校教育水平。

地方层面，各级政府积极响应，积极推进城乡教育一体化项目的实施和落地。以北京市为例，2018 年北京市教育委员会和北京市财政局联合印发了《北京市教育委员会、北京市财政局关于印发北京市城乡中小学校一体化发展项目管理办法的通知》，指出城乡一体化学校、名校办分校、集团化办学、“手拉手”合作等是北京市城乡中小学一体化发展的主要形式。2023 年 3 月，中共北京市委办公厅、北京市人民政府办公厅关于印发《北京市乡村建设行动实施方案》的通知指出，要深化城乡义务教育一体化发展，通过开展城区优质学校与乡镇中小学校“手拉手”结对帮扶，推动优质高中招生计划向农村地区倾斜，切实提升农村教育水平。总的来说，城乡教育一体化正在各地蓬勃展开，为乡村教育事业的发展输入了优质资源。

第三节　研究城乡中小学一体化发展具有理论和实践价值

基于《义务教育质量评价指南》中学生发展质量的评价指标，选择并改进已有的教育质量测评工具，从品德发展、学业发展、身心发展、审美素养、劳动与社会实践等几个方面分析城乡教育一体化后乡村学生发展质量的提升情况。宏观上，可以为城乡教育一体化的进一步推进和乡村教育质量提升策略的制定提供有益参考，为实施城乡教育一体化发展来提升乡村教育质量的方法提供理论依据，深化教育公平和教育均衡理论。微观上，可以总结城乡中小学一体化发展实施中的经验，发现城乡中小学一体化发展中的问题，为乡村学校提升学生发展质量提供参考。

一、理论价值

一是为利用城乡中小学一体化发展策略来提升乡村学生发展质量的道路提供理论依据。利用案例分析法，本书从昌平区实施城乡教育一体化的具体案例出发，探究城乡教育一体化政策实施后乡村学生发展质量的提升程度，可以为利用城乡中小学一体化发展的策略来提升乡村学生发展质量提供理论支持。

二是有助于深化教育公平和教育均衡理论。本书从实证角度探究中国城乡教育一体化政策实施后对乡村学生发展质量的提升程度，有助于丰富在发展中国家实施教育政策推动城乡教育公平发展，促进教育均衡的实证研究，深化教育公平和教育均衡理论。

二、实践价值

宏观上，为城乡义务教育一体化的进一步推进和制定乡村学生发展质量提升的策略提供决策依据。自 2016 年国务院颁布《关于统筹推进县域内城乡义务教育一体化改革发展的若干意见》后，各级政府通力合作，大力推进城乡义务教育一体化发展，致力于补齐乡村教育短板，着重解决“乡村弱”的问题。本书通过案例分析的方式研究乡村学生发展质量的提升情况，可以有效探究出近几年我国城乡义务教育一体化的实施效果，发现实施过程中的关键问题，为城乡教育一体化的进一步推进和乡村学生发展质量提升策略的制定提供实践依据。

微观上，其他区域可以从本书介绍的北京市昌平区开展城乡中小学一体化发展项目，提升乡村学生发展质量的案例中得到相关经验，启发其结合自身的区位优势，尝试利用城乡中小学一体化发展的方法提升乡村学生发展质量。

第二章　城乡中小学一体化发展概述

第一节　城乡中小学一体化发展的内涵

在我国，义务教育是国家依照法律的规定在小学和初中两个学段对适龄儿童与青少年实施的强制教育的制度，因而城乡中小学一体化和城乡义务教育一体化是相同概念的不同表达，本书将两个概念统一到城乡义务教育一体化这一概念下做相关的文献梳理。

在文献梳理的过程中发现，城乡义务教育一体化是城乡教育一体化的下位概念。城乡教育一体化最早由王克勤 1995 年在《论城乡教育一体化》中提出，当时王克勤先生所指的城乡教育一体化发展的含义不仅包括义务教育还包括职业教育。后期的文献中经常出现用城乡教育一体化代指城乡义务教育一体化概念的现象。本书认为城乡义务教育一体化应该是城乡教育一体化的下位概念，城乡教育一体化发展主要涉及的学段是幼儿园、小学、初中和高中，城乡义务教育一体化所指的学段是小学和初中。由于下位概念有上位概念中的共性，因此后文主要梳理城乡教育一体化的相关研究。

城乡教育一体化描绘了中国教育发展的蓝图。在思维方式上，城乡教育一体化认为，应当转变过去割裂的发展城乡教育的思维方式，打破城乡二元经济结构和社会结构的束缚，把城乡教育置于由城镇和乡村所构成的同一个大系统之中，把它们视为同一个整体，以系统的思维方式，推动城乡教育相互支持、相互促进、协调发展[①]。它是一个良性互动的系统，具有系统应该有的自组织、自适应、自反馈、自演化的特征[②][③]。实质上，城乡教育一体化是教育制度建设[④]，通过构建动态均衡、双向沟通、良性互动的教育体系和机制，整合城乡教育资源，促进城乡教育资源共享、优势互补和相互支持，以改变乡村地区教育相对落后的局面，缩小城乡教育发展的差距[⑤]。

在内容上，一方面需要制度与物质层面的“标准化”[⑥]，例如教师工资制度和社会保障制度、城乡教育资源配置、城乡学龄儿童的受教育权利等[⑦]；另一方面需要尊重城乡教育的不同特性，发展符合乡村社会需要的教育[⑧]。城乡教育的发展不仅需要适应当地社会文化状况，因地制宜，而且需要适应当地儿童发展特征，因人制宜，例如文化层面保留城乡学校各自的特色，在城乡教育文化的互动中发展[⑨]，保留城乡教育

---

① 王克勤．论城乡教育一体化［J］．普教研究，1995（01）：6－8.

② 李玲，宋乃庆，龚春燕，等．城乡教育一体化：理论、指标与测算［J］．教育研究，2012，33（02）：41－48.

③ 孙阳春，赵爽．社会系统理论视角下“城乡教育一体化”再认识［J］．当代教育科学，2012（04）：7－9.

④ 杨卫安，邬志辉．城乡教育一体化：范围、实质与研究路径［J］．湖南师范大学教育科学学报，2013，12（04）：5－9.

⑤ 褚宏启．城乡教育一体化：体系重构与制度创新——中国教育二元结构及其破解［J］．教育研究，2009，30（11）：3－10＋26.

⑥ 符太胜，严仲连．主体间性理论视域中的城乡教育一体化［J］．教育理论与实践，2016，36（34）：19－22.

⑦ 孙阳春，赵爽．社会系统理论视角下“城乡教育一体化”再认识［J］．当代教育科学，2012（04）：7－9.

⑧ 邬志辉，马青．中国农村教育现代化的价值取向与道路选择［J］．中国地质大学学报（社会科学版），2008，8（06）：58－62.

⑨ 符太胜，严仲连．主体间性理论视域中的城乡教育一体化［J］．教育理论与实践，2016，36（34）：19－22.

的特色和文化底蕴[①]。

从发展阶段上看，城乡义务教育一体化主要有三种划分方法，其一是自发型、政府干预型和高度自主型[②]；其二是划分为初级、中级和高级[③]；其三是划分为三个层级，第一层级是实现城乡义务教育资源配置的均等化，第二层级是实现城乡义务教育吸引力的均等化，第三层级是实现义务教育结束后学生接受高质量后续教育的机会平等化。

从类型上看，城乡义务教育一体化的第一种划分方法是从行政区划角度，层次上依次为镇县域内、地级市域内、省域内和国家层面；第二种是跨行政区合作[④]。从目标上看，城乡教育一体化结束了过去乡村教育"离农"和"为农"的矛盾局面，使得城乡教育目标实现了统一，就儿童发展来讲，其目标是促进学生身心健康发展，城乡应当一视同仁，保障每个人公平地享有受教育的权利；就城乡发展来讲，城乡教育的目标是培养为城乡发展服务的人，以促进城乡社会共同协调发展[⑤]。

总的来说，城乡中小学一体化是在政府和相关教育职能部门的推动或者是城乡学校自我发展意愿的推动下，城乡学校之间实现相互支持、相互促进、优势互补、教育资源共享。具体包括以下两种形式：①制度与物质层面的"标准化"建设，例如通过乡村学校改造、标准化学校建设、乡村特岗教师、完善教师工资制度和社会保障制度等方面，解决教育资源配置不足和不均衡的问题；②区域内构建"名校"带"弱校"、"名校"带"新校"或者是"城校"带"乡校"的发展模式，在

---

① 李玲，宋乃庆，龚春燕，等．城乡教育一体化：理论、指标与测算［J］．教育研究，2012，33（02）：41－48.

② 李玲，宋乃庆，龚春燕，等．城乡教育一体化：理论、指标与测算［J］．教育研究，2012，33（02）：41－48.

③ 刘海峰．我国城乡教育一体化改革的若干理论问题［J］．教育理论与实践，2011（11）：26－28.

④ 邬志辉．城乡教育一体化：问题形态与制度突破［J］．教育研究，2012（08）：19－24.

⑤ 杨卫安．城乡教育一体化：问题指向、内涵阐释与方法论选择［J］．湖南师范大学教育科学学报，2015，14（05）：78－83.

互助帮扶学校之间建立良性循环的互助机制。

第二节 城乡中小学一体化发展的主要路径

为促进教育公平，缩小城乡教育差距，政府和社会各界已经广泛接受城乡中小学一体化发展这一发展理念。在这一发展理念的引导下，许多地方结合本地教育发展特征，已经初步探索出城乡中小学一体化发展的基本路径。这些路径是在各个地区城乡不均衡的背景下对城乡教育一体化发展的有益尝试，能够帮助各个地区初步实现城乡一体化，或者是向城乡教育一体化的初步阶段靠近，更高水平的城乡教育一体化发展路径还需要进一步探索。

一、早期资源扩充型

早期资源扩充型主要指的是通过向乡村地区倾斜财政拨款、教师配置、管理人员配置等，以解决教育资源配置的不足和不均衡的问题，主要包括乡村学校改造、标准化学校建设、乡村特岗教师设置等方面。该模式是城乡教育一体化发展的第一阶段，主要应用在教育发展水平较落后、急需解决入学问题的地区，如教育扶贫移民工程等。

二、校际互助帮扶机制建设型

校际互助帮扶机制建设型指的是通过建立合理的合作互助机制，在区域内构建“名校”带“弱校”、“名校”带“新校”或者是“城校”带“乡校”的发展模式，在互助帮扶学校之间建立良性循环的互助机制，从而实现资源共享、优势互补和共同发展。具体来说，包含以下两种模式。

（一）互助帮扶学校之间人、财、物独立，其他资源统一、共享型

在这种模式下，互助帮扶学校之间在法人代表、财务管理和教师编制核算上均是相互独立的，互助帮扶学校之间的地位是平等的，学校之间主要通过学术交流、共同教研等方式在师资建设、课程资源、教研资源等方面实现共享和统一①。该模式包含以“联校制”为典型代表的城乡学校半捆绑发展方式及集团化办学中的“名校加乡校”的模式。在实践中，前者如成都市的“武侯模式”，后者如浙江鹿城集团化办学中的“名校加乡校”模式、成都市的实小教育集团、石室教育集团和树德教育集团。

此模式主要是用在城乡学校的互助帮扶上，其优点是城镇学校可以利用其自身的资源和管理优势带动乡村学校的发展；缺点是该模式没有从根本上破除城乡二元的教育体制，并且对于城镇学校来说，这种分享交流如果把握不好或定位不准都有可能变得流于形式，对于乡村学校来说，该模式下双方的合作较为松散，如果没有强有力的推动，城乡学校双方可能积极性都不高。

（二）互助帮扶学校之间人、财、物及其他资源均统一、共享型

在这种模式下，互助帮扶学校之间的教师统一调配、经费统一管理、教育教学管理统一，教科研及教师培训一体化，优质教育资源共享②。以“中心校制”为典型代表的城乡学校全捆绑方式及集团化办学中的“名校加弱校”和“名校加分校”是该模式的主要实践形式。前

① 安晓敏，邬志辉．区域内城乡教育一体化发展模式探析［J］．上海教育科研，2012(06)：18－21.

② 安晓敏，邬志辉．区域内城乡教育一体化发展模式探析［J］．上海教育科研，2012(06)：18－21.

者主要应用在城乡学校之间的互助帮扶上，例如在一些地方实行的乡镇中心校与各村完全小学之间的合一；后者主要应用在城镇内教育资源均衡发展上，一般不跨行政区进行，例如成都市青羊区的“泡小教育集团”。该模式改变了办学经费的管理和使用方式，充分调动了“名校”和“中心校”的积极性，在校际互助的过程中，乡村校、“弱校”和新校利用“名校”或者“中心校”优质的教育教学及教育管理经验快速成长，缩短了其成长和发展的周期。

三、政策支持体系建设型

政策支持体系建设型指的是政府通过制定教师交流制度、购买“学校委托管理”服务、制定限制学生择校制度及划分学区的方法，从合理配置教师资源、加强优质教育资源辐射带动、稳住乡村生源、减少生源无序竞争等方面推动城乡教育一体化发展。教师流动的主要模式包括城乡教师短期交流、“人走关系留”的支教形式及“人走关系动”的模式。城乡教师短期交流主要是城镇的优秀教师下乡为乡村教师做指导和示范，例如学科带头人的下乡指导活动；“人走关系留”是符合教育管理部门规定条件的城乡教师必须进行的支教活动，例如城乡教师之间的1年支教活动；“人走关系动”是教师的人事调动，例如昌平区目前实行的“区管校聘政策”。购买“学校委托管理”服务是政府组织被支援的教育主管部门通过与“城镇优质学校或教育中介”签订协议，委托其管理乡村“薄弱校”，在委托管理的过程中全面诊断乡村校的问题，制订有针对性的提升方案，帮助乡村校快速提升办学水平，该费用由政府提供的专项资金来解决，例如上海市崇明区的海洪小学、宝山区的光明中学、嘉定区的江桥实验中学及笔者所在的北京市第一六一中学。制定限制学生择校的制度及划分学区的方法的目的都是稳住生源，减少“城镇挤、乡村弱”的现象。例如，“零择校模式”可以将乡村优秀学生留住，从而保证向乡村输入优质教育资源后乡村教育可以逐步提升；“学区一体化”可以避免学区内学校之间生源的竞争。

第三节 对城镇学校和乡村学校的理解

统计上的“城”和“乡”是按照国务院2008年批复的《统计上划分城乡的规定》来划分的。即城镇包括城区和镇区。城区是指在市辖区和不设区的市，区、市政府驻地的实际建设连接到的居民委员会和其他区域。镇区是指在城区以外的县人民政府驻地和其他镇，政府驻地的实际建设连接到的居民委员会和其他区域。与政府驻地的实际建设不连接，且常住人口在3000人以上的独立的工矿区、开发区、科研单位、大专院校等特殊区域及农场、林场的场部驻地视为镇区。乡村是指按该规定划定的城镇以外的区域。那么与之对应，城区和镇区的学校即为城镇学校，其他地区的学校则为乡村学校。

但是在城乡中小学一体化发展项目的实施过程中我们可以发现，城镇学校和乡村学校具有相对性，很难用统计上“城乡”的口径来界定城镇学校和乡村学校。以北京市昌平区的城乡中小学一体化发展项目为例，昌平区在实施该项目的过程中包含两个尺度：一是北京市域内的城乡中小学一体化，即把北京市“城六区”（东城区、西城区、朝阳区、海淀区、丰台区、石景山区）的学校界定为城镇学校，其他区的学校界定为乡村学校，开展“城六区”的学校与昌平区学校的城乡一体化发展项目；二是昌平区内的城乡中小学一体化，即将昌平城镇化建成区的学校界定为城镇学校，其他区域的学校界定为乡村学校，开展昌平区内的城乡中小学一体化发展项目。

因此，总的来说，城乡中小学一体化发展项目中的“城”和“乡”具有相对性，相对于纯粹的乡村，镇是城区；相对于城区，镇是乡村。

在城乡中小学一体化项目实施的过程中，“城镇学校”和“乡村学校”概念的界定存在城乡尺度转换的问题，这不是城乡中小学一体化发展项目实施的关键问题，其关键是“城乡一体化发展”是否能真的提升乡村学生发展质量。

第三章　学生发展质量的理解方法

第一节　学生发展质量的内涵

学生发展质量是学校办学质量和区域义务教育质量的集中体现，是学生的学业水平和综合素质在学校的发展程度，反映了学生德、智、体、美、劳的发展水平。参照2021年教育部等六部门印发的《义务教育质量评价指南》，学生发展质量的主要评价内容包含学生品德发展、学业发展、身心发展、审美素养、劳动与社会实践5个维度。

其中，品德发展包含理想信念、社会责任、行为习惯这3个关键指标，学业发展包含学习习惯、创新精神、学业水平3个关键指标，身心发展的关键指标是健康生活和身心素质，审美素养的关键指标是美育实践和感受表达，劳动与社会实践的关键指标是劳动习惯和社会体验。

学生发展质量的评价内容突出了义务教育需要促进学生德、智、体、美、劳全面发展的目标，义务教育阶段需要培养学生适应终身发展和社会发展所需要的正确价值观、必备品格和关键能力。

第二节 学生发展质量提升的理论基础

行为主义学派、认知主义学派、人本主义学派和建构主义学派是当前教学与教学模式的主要来源。这四大理论学派从不同的视角解释了学习现象，揭示了学习规律。四大理论学派从不同的视角研究教育教学现象，为我们批判性地思考学生发展质量提升的方法和影响因素提供了理论基础。

一、行为主义学习理论

行为主义学习理论强调学习环境的重要性，认为学习是刺激与反应之间的联结，环境是对学习者的刺激，反应是伴随着环境刺激学习者产生的。行为主义强调：学习者的行为模式由环境决定，应该创设适合学生学习的环境，以培养学生合适的行为，消除不合适的行为；教师设定的教学目标是给学生特定的刺激，且教学目标越清晰、越具体，刺激性越强；教学过程需要注重对学生反应的强化，强化后的行为才能保留；在教学组织过程中，教师扮演的角色是训练者，包含创造学习环境、提供课程材料、管理学生行为等，即学习是让学生在教师创设的环境中被动反复学习，获得及时的行为反馈；观察学习是学到新行为的重要方法。

二、认知主义学习理论

认知主义学习理论强调学习者在学习活动中的主体地位，认为学习是一个主动、积极的过程。其基本观点有：学习是使新材料或新经验和旧的材料或经验结为一体主动形成认知结构的过程，教学过程需要注重学习者对学科的基本结构的学习，注重学生独立思考；学习的影响因素有两个——外部因素是学习者接收到的刺激的形式与结构，内部因素是学习者本身已经习得的知识技能、动机和学习能力等；主张学习的创造性，提倡探究性的学习方法。

三、人本主义学习理论

人本主义学习理论关注学习者的内心世界。该理论认为，人的潜能是靠自我实现的，教育的作用是为人的潜能实现提供一个良好的心理环境，重视教学的过程与方法，不重视教学的内容和结果，让学生自己决定如何学习，强调“做”中学；学习者可以自己发现并同化能够影响个体行为的知识，不需要教师传授，教师的作用是帮助学习者营造安全、自由、充满人情味的学习氛围，提供各种学习资源，教师可以通过和学生建立良好的师生关系促进学生学习，这种良好的师生关系的特征是教师对学生是真实或者真诚的，尊重和接纳学生的情感、意见，关心学生，与学生共情。

四、建构主义学习理论

建构主义学习理论认为，学习是学习者基于已有的经验知识，对外部新加入的信息主动选择后加工、重组，构建自己的理解过程，在这个过程中，新旧知识和经验反复双向互动，旧的知识和经验发生变化，学习者是自己主动建构知识，相同的信息，因为学习者不同，其建构或理解也不同；学习不是教师简单地传授知识的过程，每个学习者都有自己的原有知识和经验背景，因而教师不能忽视学生的背景，简单地“填鸭式”灌输知识，而应该引导学习者从旧的知识和经验中与新知识和经验建立联系，允许学生讨论自己的想法；教师应该帮助学生建构知识，创设良好的学习情境，让学生在情境中通过实验、独立探究、合作学习等开展学习，教学过程注重新旧知识的联系，鼓励学生开展问题讨论等。建构主义常见的教学观有探究学习、情境教学、支架式教学、合作学习等。

第三节　学生发展质量的影响因素

以上四大理论学派从不同的角度阐释了学习发生的条件与过程，不难发现学习者、学习过程、学习环境是影响学生学习发生的关键因素。学生发展质量是教育质量的最终体现，也是学生、学校、家庭和社会共同影响的结果，这些因素之间不是独立的，相互之间又有着复杂的交互影响的关系，学生对应的是学习者，学校对应的是学习过程的组织与管理，家庭和社会对应的是学习环境，教师和学校也是学生学习环境的构建者之一。因而，尽管四大理论学派对以上三者在学习过程中的作用有不同的观点，但是学生发展质量的影响因素可以放到学习者、学习过程、学习环境的理论框架内，帮助我们结构化地理解学生发展质量差异的影响因素。

从学习者的角度来看，学生自身的素质是教育活动的起点，对学习有重要影响。学生自身素质包括身体素质、已有的经验与知识、政治思想素质、心理素质等，例如学生学习动机越强、自我期待越高，已有的知识与经验越丰富，其学习质量会越好[①②]。研究显示，影响学生学习

① 陈宝旺．师范生教育实习学习质量影响因素及提升对策研究［D］．广州：广州大学，2019.

② 余霞．影响民族地区义务教育质量的因素分析［D］．重庆：西南大学，2018.

质量的主要因素是学习动力、学习目标、学习兴趣[①]。

从学习过程来看，高素质的教师可以创造出高水平的教学活动，教师的教学方法和教学组织形式对学生发展质量的提升有显著影响。有效的教学活动是建立在学生现有素质基础之上的[②]，例如教师在教学中是否采用“以问题驱动”“设置高阶目标”“创设可供迁移的情境”等能激活认知的教学策略会显著影响学生的发展质量[③]。

在学习环境上，学校整体办学质量越高、学风越好，学生的学习质量越好，父母的期望越高、父母的关系越融洽，学生的学习质量越好[④]。学校所在地也是对学生发展质量影响非常大的因素之一，学校所在地集中反映了学生家庭文化资本、家庭经济状况、家庭阶层、父母教育期望、生均财政拨款、教师的学历、教师职称的差异，这些因素又与学生的认知能力和非认知能力显著相关[⑤]。同时，学校的价值定位和培养目标、课程设置、管理水平均会影响学生学习质量。其中，管理水平通过影响师生的积极性、心理环境，对学生发展产生重要影响。教师是构建学生学习环境的主体之一，高素质的教师队伍对学生发展质量的提升有重要的正向影响。除此之外，进入学生学习活动的教育设施和工具满足教育教学的需求程度会影响到学生发展质量的提升效果[⑥]。特别是，乡村学校的规模也会影响到学生发展质量的提升。研究显示，学校

---

① 程孝良，曹俊兴．构建学习支持系统提高大学生学习质量——基于6所高校大学生学习现状的调查与研究［J］．中国大学教学，2012（12）：82－84.

② 李家成，柳海民．论教育质量的影响因素［J］．教育科学，1999（01）：1－3.

③ 陈静．小初衔接视域下教师教学方式对学生学业质量影响因素的研究——基于2022年N市义务教育质量监测学情分析报告［J］．小学教学研究，2023（04）：4－8＋14.

④ 王红，陈纯槿．城市随迁子女义务教育质量的影响因素研究——基于中国教育追踪调查数据的实证分析［J］．教育经济评论，2017，2（02）：102－114.

⑤ 于泽．基于多水平模型的我国城乡基础教育质量差异及影响因素分析［D］．昆明：云南财经大学，2020.

⑥ 李家成，柳海民．论教育质量的影响因素［J］．教育科学，1999（01）：1－3.

规模与学生的数学、语文成绩合格率具有显著的负影响[①]。

总的来说，学生发展质量是多种因素综合作用的结果，其中，学生因素（包含个人因素和家庭因素）的影响最大，其次是教师因素，最后是学校因素。学生个人因素中影响最大的是学习态度，其次是学习收获，然后是学习投入，最后是学习动机，家庭因素对学生发展质量的影响主要体现在对学生个人因素的影响上；教师因素中按照影响程度从大到小排序，分别是教学能力、教学方法、教学观念，教师主要通过构建学习过程来影响学生的发展质量；学校的影响程度与前两者相比较小，但是也不容忽视[②]。

基于学习的四大理论学派和学生发展质量的影响因素的研究我们发现，提升学生发展质量的关键：一是改变学习者的学习态度和学习动机，从而影响学生的学习投入；二是提升教师的专业素质，帮助学生构建良好的学习过程和学习环境；三是提升学校的管理能力，家校协作，改善学生的学习环境。

---

① 赵丹，曾新．义务教育均衡发展背景下农村学校规模对教育质量的影响［J］．现代教育管理，2015（03）：26－30.

② 郭婷．乡村初级中学学生学习质量及影响因素的研究［D］．兰州：西北师范大学，2022.

第四章　城乡中小学一体化发展后乡村学生发展质量的提升效果

城乡中小学一体化发展是教育主管部门提出的提升乡村学生发展质量有效的方法之一，从城乡中小学一体化发展政策实施的结果出发，探究城乡中小学一体化发展后乡村学生发展质量提升的现状和问题，对进一步优化城乡中小学一体化发展策略有重要意义。

为了探究城乡中小学一体化发展对乡村学生发展质量提升现状，我们采用了问卷法对北京市昌平区参与城乡中小学一体化发展项目的乡村学校展开调查研究，并且在此基础上尝试基于城乡中小学一体化发展的视角探究乡村学生发展质量提升的策略，以期为我国提升乡村学生发展质量提供参考方法，为教育均衡和教育公平理论提供实证案例。

第一节　调研对象及工具

一、研究对象及方法

为了保证调查对象的代表性和有效性，本书所述的研究采取立意抽样的方法。首先，为了找出理想的案例学校，课题组成员查阅了北京市昌平区的14所参与城乡中小学一体化发展项目的学校资料，从中选出了10所参与度高、成果突出的项目校组成本调查的样本学校；然后，请样本学校选出本校深度参与城乡一体化项目的老师和领导组成本研究的对象；接着，课题组对10所项目校的教师展开了问卷调研，共计收到有效问卷202份。

之所以在昌平区选择案例学校，是因为昌平区自2018年起认真按照北京市教委《北京市城乡中小学校一体化发展项目管理办法》的要求，着力解决人民群众日益增长的对更好教育的需求和教育发展不平衡不充分之间的矛盾，积极推进城乡中小学校一体化发展专项工作，优化城乡教育资源配置，促进城乡教育基本公共服务均等化。目前已经形成名校办分校、城乡学校“手拉手”、集团化办学等多种形式的城乡中小学一体化发展模式，教育质量获得较大提升，是理想的案例区。

在发放问卷的同时，项目组采用结构式访谈的研究方法，访谈了以上10所学校中的6所学校的中层以上的管理者。这6所学校的特征是自2018年深度参与城乡中小学一体化相关项目后，成长快、成果多，学生发展质量提升明显，可以说是昌平区内城乡中小学一体化发展的典型代表。之所以访谈中层以上的管理者，是因为他们清晰本校的发展定位和规划，了解城乡一体化发展的实施过程，可以透析学生发展质量提升的政策作用点和路径。访谈过程中，一位研究人员从“本校和城镇学校联系最紧密的教育教学活动有哪些?”“在城镇学校的帮助下开展的教育教学活动对学生发展质量提升最有帮助的是哪些？对学生有哪些方面的提升？可能的原因是什么”等问题出发，对研究对象开展30分钟左右的深度访谈；另一位研究者则从在城乡中小学一体化发展下乡村学生发展质量提升的维度及其可能的路径出发，对访谈资料进行编码和解析，具体编码见表4－1。

表 4－1　研究案例编码及说明

尺度	访谈对象编码	访谈对象的学校参与城乡中小学一体化发展的形式	解释说明
北京市域内	A_1	城乡学校“手拉手”	在政府主导下，不同特色的城乡中小学间建立稳定的“手拉手”关系，城乡学校之间在教研、课程建设、培训等方面共享资源，以发挥城镇学校优质资源的辐射带动作用
	A_2		
	B_1	名校办分校	在政府或者学校主导下，学校品牌相对成熟的城镇学校在乡村或者区域教区薄弱的地区建立分校
	B_2		
	B_3		
昌平区内	C_1	集团化办学	在政府主导下，由一所优质学校统辖多校成立教育集团，实行一个法人、一体化办学、一体化管理的教育集团治理结构

注：表内编码的访谈对象来自采用访谈的方法获取研究资料的学校，另有其他案例学校提供了图文报告材料，后文中的编码分别为 A_3、A_4、B_4。

二、调研工具设计

在借鉴相关研究的基础上，参照《义务教育质量评价指南》中关于学生发展质量评价的相关评价维度和指标，自主编制了《中小学城乡一体化发展对乡村学生发展质量提升的影响教师调研问卷》。问卷包含三个部分：第一部分是引导语和教师基本信息，包含教师任教的学校、所教的科目、从教年限等内容；第二部分采用李克特式 5 分量表的形式请教师对城乡中小学一体化发展后乡村学生发展质量提升情况评价，评价的维度有 5 个，包括行为习惯、学习习惯、创新精神、学业水平和美育实践，每个维度下分解的具体指标来源于梳理和整合各个项目校在城乡中小学一体化发展项目中重点开展的工作内容；第三部分是城乡中小学一体化发展对教师素养提升的影响调查，包括教学技能、教学研究能力、了解学生三个方面。

为了保证问卷的信度和效度，问卷编制的过程中征求了多位专家、校领导和优秀教师代表的意见，并且在一定范围内请教师代表做了多次试测，根据试测结果多次修改后，最终正式施测。

三、数据统计与分析方法

问卷中，教师对城乡中小学一体化发展后乡村学生发展质量及教师综合素养提升的评价部分采用李克特式5分量表。其中，若认为“没有提升”为1分，“有一点提升”为2分，“一般”为3分，“提升较明显”为4分，“提升特别明显”为5分。每题最多5分，最少1分。问卷回收后，利用SPSS 20.0统计分析软件对问卷数据进行统计分析。

第二节　城乡中小学一体化发展后乡村学生发展质量提升的主要维度

城乡中小学一体化发展为乡村学生发展质量提升提供了空间和潜力，它就像一个平台，在这个平台上，城镇学校可以为乡村学校的发展提供资源和经验支持，虽然每个乡村校的发展现状、特色不一样，城镇学校的资源支持力度和维度是不同的，但是总的来说，在城乡中小学一体化发展后，乡村学生发展质量提升显著。这在我们对教师的问卷调查中得到了有力的证实。教师是在校最了解学生的人，经统计，此次调研中，教师对城乡中小学一体化发展后对乡村学生发展质量提升效果评价的均值是3.36分，高于分值范围中间值3分。

城乡中小学一体化发展对乡村学生发展质量提升的维度是不同的。

因为每个乡村学校自身的发展特点和发展阶段不同，与之对应结对的城镇学校的发展特色也不相同，这决定了在城乡中小学一体化发展的这个平台上每一组结对的学校的工作重点是不同的，乡村学生发展质量提升的维度主要在于结对学校的工作重点在哪个维度上，很难做到面面俱到。有的乡村校在城乡中小学一体化发展的平台上能提升 2 ~ 3 个维度的内容，有的只能发展 1 ~ 2 个维度，这主要受城乡学校之间的合作精神及学校本身的契合度的影响。

下面从品德发展、学业发展、身心发展、审美素养、劳动与社会实践五个方面展开论述。

一、品德发展

《义务教育质量评价指南》中学生发展质量评价下的一级指标“品德发展”包含“理想信念”、“社会责任”和“行为习惯”三个二级指标，其中城乡中小学一体化发展对乡村学生行为习惯培养的影响较大。

行为习惯改善是城乡中小学一体化发展后乡村学生发生的明显的变化之一。城乡学校建立联系后，城乡学校间会交流分享学生管理的经验与方法，例如学生精细化管理就是乡村学校学习的重点内容之一。乡村学校借鉴了城镇学校的学生精细化管理的方法，更加关注学生的仪表、举止、文明礼貌习惯等。经实践，在学校德育部门的监督和教师潜移默化的影响下，乡村学生的行为习惯得到很大改善，表现为其举止更文明、穿着更得体，尊重师长、礼貌待人的风气越来越浓。行为习惯改善是一件比较有意义的事情，因为在学生的行为习惯改善后，学生的精神面貌也会越来越好，进而影响学生的学业水平等其他方面。

在集团化发展之前，学校没有严格规定学生的着装和仪表，那时候穿什么来上学的都有，指甲长、头发乱的学生比较常见。在集团化发展后，学校按照集团统一的标准，对学生的仪容仪表和行为习惯严格要求与管理，例如，要求学生见到老师要主动问好，衣着整洁，穿校服。刚开始是学校的强行要求，需要学校的监督，后来，逐渐就变成了学生的习惯。

（C_1 反馈于 2022 年 7 月 17 日）

在集团化发展后，为了培养学生良好的行为习惯，学校鼓励学生日行一善。日行一善活动推动一段时间后，学校逐渐发现学生会主动、自觉地捡起操场的纸片了。

（A_3 反馈于 2022 年 6 月 20 日）

我们借鉴本部的德育管理的方法，注重对学生行为习惯的管理。我们发现学生行为习惯的养成需要经历从“他律”到“自律”的过程，而在“他律”阶段，学校的管理与监督十分有意义。例如，我们要求学生见到老师要主动鞠躬问好，初一的学生刚入校时，是在学校的要求下见到老师才鞠躬问好。但是，随着在学校学习、生活的时间变长，学生慢慢受这个风气的影响，养成了见到老师主动鞠躬问好的习惯。现在，只要是到我们学校，不管是老师还是专家，学生都会非常自然地鞠躬问好。

（B_2 反馈于 2022 年 6 月 30 日）

二、学业发展

《义务教育质量评价指南》中学生发展质量评价下的一级指标“学业发展”包含了“学习习惯”、“创新精神”和“学业水平”三个二级指标，对教师开展问卷调查和对领导干部访谈后发现，在城镇学校的支持下，乡村学生的学习习惯、创新精神和学业水平均有不同程度的提升，其中学业水平这一维度提升最明显。

学科成绩一定程度上反映学业发展水平的程度，访谈发现乡村学校认为乡村学生改善了学习习惯，培养了创新精神，提高了学业水平后，其学业成绩提升显著。

表4－2是教师评价的城乡中小学一体化发展对乡村学生发展质量提升的差异。

表4－2　教师评价的城乡中小学一体化发展对乡村学生发展质量提升的差异

维度	指标	指标解释	人数	平均值
行为习惯	行为举止	举止文明，礼貌待人，自己事情自己做等	202	3.10
学习习惯	方法态度	掌握有效的学习方法，善于合作学习，具有学习的自信心和自主学习意识等	202	3.41
创新精神	综合实践	创办的社团、学生活动，为学生提供平台，开阔了学生视野	202	3.39
	探索发现	提升了学生自主探究、独立思考、发现问题、解决问题的能力	202	3.49
学业水平	学业成绩	学业成绩提升	202	3.12
	学科思维	具备学科思维和基本思想方法	202	3.45
	实验能力	提升了学生实验设计和操作能力	202	3.41
	阅读能力	培养了学生的阅读习惯，提升了阅读量和阅读理解能力	202	3.57
美育实践	美育活动	有更多机会参加艺术展览、观看文艺演出等	202	3.30
均值				3.36

我们学校已经连续3年被评为教育质量优秀学校，由此可以看出学生学业成绩一定是提升的，特别是英语、语文、数学、体育这几个学科能看到明显的进步。

（A_2 反馈于2022年6月27日）

英语、数学是我们学校原本两个最差的学科，深度参与集团化后，这两个学科逐渐变成中等甚至是优势学科。

（A_3 反馈于2022年6月20日）

（一）学业水平

在城镇学校的助力下，乡村学生的阅读能力显著增强。阅读是学业水平这一评价维度里的重要内容之一，在5分量表中，阅读能力提升的平均得分是3.57，这说明乡村学校的教师们普遍认为，城乡中小学一体化发展助力了乡村学生阅读习惯的培养，阅读量和阅读能力的提升。

乡村学生阅读能力的提升是有迹可循的，在整理项目校的资料的过程中我们发现，阅读课程设计与实施、绘本阅读、全学科阅读等内容是城乡学校之间深入探讨的重要内容之一。借助城镇学校做阅读课的经验，阅读课成了多所乡村学校的名片，“全学科阅读”“绘本阅读”“阅读成长课”等系列化阅读课走进了乡村学生的课堂生活中。在这样的背景下，乡村学生的阅读习惯逐渐养成，阅读量和阅读理解能力也快速提升。

例如，访谈中，A项目校的领导表示：“和我们对接的城镇学校的阅读课程是其特色和强项，正好我们学校有阅读课的基础，经过两校深入交流，我们决定也将阅读课程建设成学校的特色，同时也作为重点培养学生的素养之一。”B项目校的领导表示：“城镇学校培养学生阅读素养的能力和意识比我们乡村学校超前，在经过城乡学校之间的教师交流后，我们的教师逐渐开始重视学生阅读习惯和阅读能力的培养。”

课程实验能力是学业水平评价指标里的另一个重要内容，城乡中小学一体化发展后，乡村学校的教师表示乡村学生的实验设计与操作能力也得到显著提升。在问卷调查中，乡村学生实验能力提升的评价的平均得分是3.41，高于均值3，这说明城乡中小学一体化发展使得学生的实验设计和操作能力有了较大提升。这也主要得益于城乡中小学一体化专用资金帮助乡村学校完善了实验类课程，使得乡村学生在生物、化学、物理等学科参与实验的机会增多，参与和设计实验的能力增强。

（二）学习习惯

学习态度越来越积极是乡村学生发生的重要变化之一。在5分量表中，教师认为乡村学生学习习惯提升的评价平均得分是3.41。访谈中发现，乡村学生学习态度逐渐积极的一个关键因素就是在城镇资源助力下乡村学校组织了更加系统化、多样化的学生活动，这使得学生课上课下生活朝着更加有序的方向发展，让学生在活动中逐渐喜欢上学校的生活，喜欢上学校的老师，进而喜欢上学习。例如，昌平区大东流中学作为一所乡村校，借助市区级资源积极组织学生参与各类科技实践活动。在活动过程中，学生的观察能力、提出问题能力、设计实验探究能力显著提升，学生活动中的成果还在老师的指导下参加各类科技探究活动的竞赛，获得了多项市区级奖项后，学生的学习自信心快速提升，进而开始更加积极、自主地学习。

学习态度是影响乡村学生学业发展的关键因素之一。积极的学习态度可以激发学生学习的内驱力，帮助学生逐渐形成自主学习的意识，抵抗各种干扰，认真听讲，积极思考，主动参与课堂，并且逐渐形成明确的学习目标。

我们的舞蹈社团、各种兴趣社团让学生真正地动起来了，丰富、有序的活动让学生有了追求，目标明确，学习状态也提升了，学生逐渐喜欢上了学校生活。

（C_1 反馈于2022年7月17日）

（三）创新精神

在教师调查问卷的5分量表中，乡村学生的创新精神中探索发现提升的平均得分是3.49，这表示大部分教师认为城乡一体化发展比较有效地提升了乡村学生自主探究、独立思考、发现问题、解决问题的能力。

创新精神的评价内容包括学生积极参与社团，有小制作、小发明等兴趣特长，有好奇心、想象力和求知欲，有信息处理、收集整合、综合分析和运用能力，有自主探究、独立思考、发现问题、解决问题的意识和能力。

培养学生创新精神的场域主要是课后的社团活动、综合实践活动和课上教师组织的教学活动等。城乡中小学一体化发展不仅给乡村学校社团和综合实践活动建设提供了资金支持，而且有了城镇学校开展社团和综合实践活动的经验与资源支持。因而可以看到，在城乡中小学一体化发展后，乡村学校的社团和综合实践活动的数量明显增多，质量显著提升。数量增多可以为乡村学生参加社团活动提供更多选择。质量提升显著表现在社团活动的内容和组织方式上，例如，活动更注重学生创新思维和能力的培养，注重为学生创造独立思考和自主探究的机会。

学生在科技社团制作校园文化讲解机器人、智能消毒小车、卷纸机，参加科技创新、机器人等大赛；在摄影社团拍摄制作校园微电影；在艺术社团设计制作橡皮章、热缩片等。在参加社团活动中他们需要不断思考、探索、创作、创新。

（B_2 反馈于 2022 年 6 月 30 日）

集团化之前，学校只有几个社团，这些社团主要是教师基于个人兴趣开发的，但是因为教师精力有限，因而社团数量不多，学生的选择也比较少。集团化后，在集团的指导下，我们搭建了自己的社团课程体系，还在集团的帮助下引入了高校及社会资源，新组建了机器人、航模等社团，社团的数量增加后，学生的选择也更多了。

（B_4 反馈于 2022 年 6 月 22 日）

除了日常的社团活动外，参加各级各类的比赛也是学生社团活动的重要内容之一。参与比赛的过程也是学生创新精神的培养过程。学生参赛的主要形式有小制作、小发明和小创作，需要学生采用小组合作的形式完成。为了完成比赛内容，学生需要小组合作收集信息、整合分析信息，自主探究，发现问题、解决问题，学生的创新精神在这个过程中慢慢培养起来了。

在城乡中小学一体化发展后，乡村学校在城镇资源的支持下新建立的社团不仅让乡村学生有机会接触到更多新的领域，而且有机会能参与到新领域内的比赛。以北京市第一六一中学回龙观学校的科技社团为例，2018—2023 年，以信息技术、物理、地理等学科教师为骨干，先后开设了机器人社团、编程社团、人工智能社团和天文社团等，课程结构不断完善。2023 年初，学校又引入哈尔滨工业大学的团队辅助学校完善科技社团课程。在该团队的指导下，学校整合提升相关社团，建立了信息学编程社团。2023 年 6 月 3 日，在举办的 2022—2023 学年全国中小学信息技术创新与实践大赛北京市选拔赛中，三组学生——周文宇和潘昶瑞、齐贝航和马岳涵、杨宇轩和祖浩轩积极备赛，并获得一等奖。2023 年 7 月 14 日，三组选手前往包头参加全国总决赛。比赛中他们发挥出色，齐贝航和马岳涵组合获得国家级二等奖，周文宇和潘昶瑞组合、杨宇轩和祖浩轩组合获得三等奖。

课堂是乡村学生创新精神培养的另一片沃土。在新课标下，课堂要关注学生核心素养的培养，“以学生为本”。在建构主义的理论指导下，基于真实情景，开展探究式教学活动是培养学生核心素养的重要方法之一。与过去知识传授型课堂和“教师讲，学生听”的课堂相比，“以学生为本”的情景探究式课堂对教师和学生的要求更高，乡村学校的教师已经开始探索这种课堂教学方式，但是相比之下，城镇学校在该方面的实践和研究较早，经验更为丰富。城乡中小学一体化发展后，乡村教师可以通过与城镇教师联合教研、观摩城镇学校的课堂、参加讲座培训等方式，深入学习探究式课堂构建的经验与方法，提升课堂教学的设计能力，让学生在课堂中基于真实情景，展开课堂探究，感受学科思想，学习对生活有用的知识。

以学生为主体的课堂可以提升乡村学生发现问题、自主探究、解决问题的能力。乡村学校课堂教学方式的变革可能是一个漫长的过程，但再长的路，只要开始走了，就不远了。

集团化后，总校来的教师构建的课堂是有学科思想、有创新思维活动的课堂，在这样的课堂中，学生是思考地学、应用地学，不仅学得有趣，而且学得有效果。这样，其他的老师就有了改变教学方式的动力和榜样。

（A_3 反馈于 2022 年 7 月 17 日）

三、身心发展

《义务教育质量评价指南》中学生发展质量评价下的一级指标“身心发展”包含“健康生活”和“身心素质”两个二级指标，城乡中小学一体化发展对乡村学生身心发展影响较大的是提升了其身心素质水平，表现在体育运动技能与心理和情绪管理能力的提升。

（一）体育运动技能

在城镇资源的助力下，乡村学校体育运动项目越来越丰富。掌握 1～2项体育运动技能是学生身心素质评价的重要指标。城镇学校体育运动器材、场馆及具备专项体育技能的教师等资源相对丰富，其体育运动的项目也相应更为多样。乡村学校因为资金、场地和师资的限制，体育运动的项目相对较少。城乡中小学一体化发展项目实施后，乡村学校在该项目的资金支持下不仅可以丰富体育运动项目门类，而且城镇学校的教练员可以定期到乡村学校指导训练，乡村学生也可以到城镇学校的专业化训练场馆训练，这种城乡学校之间的资源共享使得乡村学校的运动项目越来越丰富。如在城镇资源的助力下，访谈对象 A_2 和 A_3 所在学校新增了足球社团，B_2 所在学校新增了游泳课、篮球课、排球课、跆拳道课等，让学生有更多机会选择掌握自己感兴趣的 1 ~ 2 项体育运动技能。

北京市第一六一中学回龙观学校和小汤山中学是昌平区城乡中小学一体化发展项目中的“手拉手”学校。北京市第一六一中学回龙观学校作为“手拉手”项目中的城镇校，拥有标准的游泳馆和高水平、专业化的游泳教练员，两校经过前期的讨论和准备，为小汤山中学的学生开设了游泳体验课。在课程开展的过程中，小汤山中学的老师负责在场馆内协助、管理学生，北京市第一六一中学回龙观学校的游泳教练员负责训练、上课。这不仅丰富了小汤山中学学生的体育运动项目，而且使小汤山中学的学生多了一个体育运动的选择。

自北京市第一六一中学回龙观学校为小汤山中学的学生开设游泳体验课以来，不仅弥补了小汤山中学因为没有游泳场地不能给学生开设游泳课的遗憾，而且让小汤山中学的学生有机会在初中阶段接触到游泳这项重要的体育技能。在北京市第一六一中学回龙观学校的游泳教练的专业指导下，小汤山中学的学生不仅通过憋气、换气、蛙泳蹬腿练习，掌握了一些基本的游泳知识，学会了一些基本的游泳动作，而且部分学生发现了自己在游泳这项体育运动上的天赋，点燃了他们学习游泳的热情。

（案例提供者：北京市昌平区小汤山中学　李永红）

同样地，黑山寨学校得益于昌平教委对山区学校的支持，2023 年 2 月至 6 月，西班牙足球教练 Soy Antonio Gandia 每周二到黑山寨学校进行足球支教活动（见图 4 - 1）。教练利用足球游戏等灵活多样的教学方式，激发了学生的学习兴趣。足球进校园活动不仅让学生提高了球技，掌握了足球运动技术、技巧，提高了学生足球运动水平，而且让其感受到了足球文化，开阔了学生视野。

图 4－1　西班牙足球教练员走进黑山寨学校

（图片提供者：北京市昌平区黑山寨学校　贾媛芳）

由此可见，越来越丰富的体育运动项目给了乡村学生更多体育运动技能的选择。兴趣是最好的老师，多样化的体育运动项目，可以让学生多尝试、多感知，然后基于自己的兴趣选择体育运动项目，而不是在有限的体育运动项目内被动选择。

（二）心理和情绪管理

合理地表达情绪、控制情绪能积极应对学习生活中的困难和压力，具备积极的心理素质和能力是青少年重要的必修课。城镇学校对学生心理问题和情绪问题的研究比较早，中小学心理课程的开发相对完善、经验丰富。乡村学校因为本身资源和能力的限制，心理课程开发相对滞后。而且，留守儿童问题和家庭教育问题也是许多乡村家庭不得不面对的客观情况，心理课程对于乡村学生来说非常重要。因而心理课程建设是城乡中小学一体化发展项目的重要内容之一，该课程能有效帮助乡村学生提升情绪和心理问题的应对能力。

在城乡中小学一体化发展项目的推进过程中，城镇学校辅助乡村学校搭建心理课程框架，指导心理课程建设与实施，辅助乡村学校开展心理讲座和心理活动，以帮助乡村学生掌握识别及应对心理问题的方法，提升乡村学生表达与管理情绪问题的能力，提升其身心素质。

在总校的指导和帮助下，我们开设了自己的心理健康课程，建立了学生心理健康档案。目前，我们学校的心理团队已经给家长做了两期培训讲座，家长们表示很受益。学校还专门设了心理室，供学生和家长预约咨询。

（A_1 反馈于 2022 年 6 月 12 日）

我校骨干班主任一行 10 人在德育主任的带领下走进了城镇“手拉手”学校的家长讲堂。此次培训让我们对原生家庭影响下产生的“问题儿童”有了更深的认识。在“手拉手”学校的帮助下，我们成功开设了“探究原生家庭的归因”家长沙龙课堂。

通过参与“手拉手”学校的相关心理课程的培训，我们的每位教师都深感心理问题将会是班级管理中的一个棘手问题。因为每一年我们都会接触到程度不同、问题不同的心理障碍的学生，因而正确解读孩子的心灵密码迫在眉睫。校领导了解到班主任的想法后，及时和“手拉手”学校进行了沟通，在“手拉手”学校的帮助下我们引进了“一年级入学心理”课程。这个课程隔周上一次，老师带着孩子从了解自己、认识自己开始，让学生在游戏中、在活动中学会控制情绪。

（A_4 反馈于 2022 年 6 月 14 日）

以北京市第一六一中学回龙观学校为例，在与北京市第一六一中学回龙观学校交流的过程中，北京市第一六一中学回龙观学校发现了解学生的心理需求、识别学生的心理问题对教育教学工作的开展十分必要。为了了解学生学习生活中的心理需求，帮助学生解决学习和生活中遇到的心理问题，学校成立了心理辅导室，由两名心理教师担任心理辅导员，学生和家长可以通过线上预约来咨询学生成长过程中的烦恼。

北京市第一六一中学回龙观学校的心理辅导室举办了面向学生的“青春私语”“让友谊之歌更加动听——谈谈青春期中的友谊关系”“发烧的青春期——青春期常见的心理问题”和面向家长的“陪孩子一起成长——走进青春期的孩子”等一系列讲座，以帮助学生及家长识别和应对青春期的心理问题。除了借助校内资源，学校还借助北京共青团开展“星光自护‘守护健康·聚力同行’百千万行动”的机会，邀请北京市青少年法律与心理咨询服务中心的老师给初一年级的学生开展“积极心态的培养”“自控力的培养”系列讲座，以提升学生的身心素质。

在听了老师的讲解后，我深入地了解了自控力培养的方法，以及为什么要养成自控的习惯，自控的目的就是让自己更自律、更优秀。因此，在今后的学习和生活中，我要保持自控的好习惯，让自己变得更好！

——A 同学

“天下本无事，庸人自扰之。”这是我在听完董老师讲座后脑海里浮现的话。这场讲座我们学习并了解了“积极心态”“消极心态”。老师通过列举一些很贴合我们生活的例子，让我们学会了如何用正确的态度处理事情。

——B 同学

这个讲座让我学习到了心态培养的意义、培养积极心态的方法以及跳出消极心态的方法。让我知道了想要有一个积极的心态就要凡事往好的方面想，在做事情时，当你有了积极的心态，那么你就已经成功一大半了。我们要在学习中多建立自信心，多尝试，切记不要逃避，养成积极阳光的思维方式，这样才能让我们的心态变得积极乐观。让我们常怀感恩之心，对身边的一切人和事心存感激，你的人生就会美好许多。

——C 同学

四、审美素养

在《义务教育质量评价指南》中学生发展质量评价下的一级指标“审美素养”包含“美育实践”和“感受表达”两个二级指标，城乡中小学一体化发展对乡村学生审美素养提升影响较大的是美育实践，主要表现在乡村学校组织的美育活动增多，乡村学生观看或者参加文艺演出的机会增多。

例如，2019 年 6 月，昌平区第二实验小学的金帆乐团携手其“手拉手”的海淀区万泉小学的金帆乐团在北京市第三十五中学金帆音乐厅举办了“回天有声之悠扬琴声——乐声奏响回天生活”迎接新中国成立 70 周年专场音乐会。精彩纷呈的音乐会让两所学校的孩子充分地感受到民族音乐是中华民族的宝藏，感受到自己是新一代的文化传承人，让中国的传统文化在内心扎根，让民族音乐之花在内心绽放。2019 年 7 月，在华北电力大学礼堂，实验二小在海淀区万泉小学的戏剧社团的帮助下，以现实的校园生活为题材，与毕业生诉说离别，上演了一部爱的教育大戏，讲述了一个真实的故事。

集团会定期组织学生参观美术馆、参加音乐演出等活动。作为集团校的成员，我们的学生也可以参加，在参加这些活动的过程中，学生逐渐开阔了视野。

（B_4 反馈于 2022 年 6 月 22 日）

五、劳动与社会实践

《义务教育质量评价指南》中学生发展质量评价下的一级指标“劳动与社会实践”包含“劳动习惯”和“社会体验”两个二级指标，城乡中小学一体化发展对乡村学生劳动与社会实践能力提升影响较大的是社会体验。

城乡中小学一体化发展增加了乡村学生参与社会调查和研学实践的机会。城镇学校组织学生开展社会调查和研学实践的探究比较早，经验更为丰富，已经形成了较为系统的方法。尽管城乡学生所处的自然和社会环境不同，可以调研的对象不同，但是社会调研和研学实践的方法是相通的，城乡学校之间可以就社会调查与研学实践的方法展开深入的交流和讨论。城镇学校将组织学生开展社会调查与研学实践的经验和方法分享给乡村学校，乡村学校可以借鉴城镇学校的做法，提升组织学生开展社会调查与研学实践的能力，深化对“如何带领学生基于乡村生活环境发现调查和研学的课题”“如何从社会中找到可以支持学生调查和研学的资源”“如何指导学生开展调查收集信息，解决问题”等问题的思考和理解。从而增加了乡村学生参与社会调查和研学实践的机会，提升了乡村学校的社会调查和研学实践活动的质量。

以北京市第一六一中学回龙观学校的地理教研组为例，在观摩了西城“手拉手”学校的地理课堂后，北京市第一六一中学回龙观学校的地理教师发现：“手拉手”学校的地理课堂特别值得借鉴的地方是教师在课堂上教学所用的素材来自学生课下开展的地理问题的社会调查。在这样的课堂教学中，教师创造的是真实的情境，学生探究的是社会生活中的真实问题，学生不仅学到了对生活有用的地理知识，而且培养了学生地理调查的实践能力。

通过与城镇学校的地理教研组深入探讨“学生课下基于地理问题

的社会实践调查主题选择的方法”“组织学生社会实践调查的方法”等问题，北京市第一六一中学回龙观学校地理组的教师初步学习了组织学生开展社会实践调查的方法，并在日常教学中尝试逐步将社会调查和研学实践带入学生的学习生活，目前已经组织学生初步开展了人口老龄化、影响服务业发展的区位因素等主题的社会调查活动，并且尝试将学生调查的成果应用于课堂教学。

六、小结

总的来说，在城乡中小学一体化发展下，乡村学生发展质量在《义务教育质量评价指南》中提出的学生发展质量评价的品德发展、学业发展、身心发展、审美素养、劳动与社会实践这5个维度上均获得了不同程度的提升（见图4-2）。其中，在城乡中小学一体化发展后，乡村学生的行为习惯、学习习惯、创新精神和学业水平提升效果最显著。

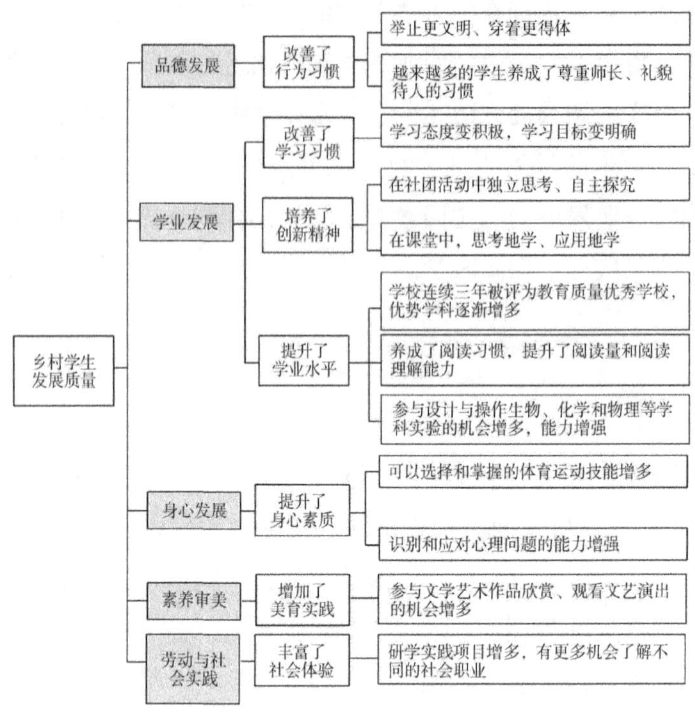

图 4－2　城乡中小学一体化发展对乡村学生发展质量提升的维度

第三节　城乡中小学一体化发展可以提升乡村学生发展质量的原因

为了能更深入地理解城乡中小学一体化发展可以提升乡村学生发展质量的原因，我们需要再次一起回顾第三章中提到的影响学生发展质量提升的因素。研究发现，学生发展质量的影响因素主要有三个，学生、教师和学校。其中，学生个人因素中影响最大的是学习态度，其次是学习收获，然后是学习投入，最后是学习动机，家庭因素对学生发展质量的影响主要体现在对学生个人因素的影响；教师因素中按照影响的程度从大到小排序分别是教学能力、教学方法、教学观念，教师主要通过学习过程来影响学生的发展质量；学校的影响程度与前两者相比较小，但是也不容忽视。

城乡中小学一体化发展之所以能够推动乡村学生发展质量的提升，正是因为城镇学校的资源进入乡村学校后，使得乡村的学生、教师和学校发生了正向的改变，乡村学生发展质量提升是多种因素共同作用下的结果。

一、学生因素

（一）乡村学生的学习态度发生转变

在乡村学校组织越来越丰富的学生活动的背景下，乡村学生的学习态度发生了转变。城镇学校辅助乡村学校发展出了系统化、多样化的学生活动后，乡村学生的课下生活越来越丰富、有序。乡村学生从活动中获得乐趣、成就感，获得对学校的归属感、对老师的认同感后，对学校和学习的态度也发生了转变。他们发现学校生活是有趣的，学习是有用的，因而逐渐开始积极主动地学习。我们常说态度决定高度，学生的态度积极后，会带来一系列的连锁反应，例如他们会逐渐增强学习的动机，从“想学习”变成“想学好习”；增加学习的投入，认真听讲，及时预习复习，积极参与课堂等。

（二）乡村学生的创新思维随着教学方式的变革逐渐被激活

建构主义的学习理论认为，教师应该帮助学生建构知识，创设良好的学习情境，让学生在情境中通过实验、独立探究、合作学习等开展学习，在教学过程中注重新旧知识的联系，鼓励学生开展问题讨论等。在建构主义理论的指导下，常用的教学方法有探究式学习、情境教学、合作学习等。这些教学方法有利于培养学生的创新思维，也是城镇学校教育教学常用的方法之一。城镇学校将这些理念、方法和经验通过交流和联合教研的方式分享给了乡村学校，乡村学校的课堂组织方式及社团组织方式逐渐发生了改变，从关注教师的“教”转变为关注学生的“学”，突出学生的主体地位。这样的课堂教学方式和社团活动的组织方式有利于激活学生的创新思维，因而乡村学生思维方式和逻辑能力会逐渐增强，渐渐地，学习能力也会增强，对学习的信心和动机都会随之提升。

（三）乡村学生对心理问题的识别和应对能力增强，家校共育的环境逐渐形成

心理课程建设是城乡中小学一体化发展项目中城乡学校共同探讨的重要内容之一。乡村学校在与城镇学校交流学习后，其对学生心理教育的能力显著增强，乡村学生通过参加学校的心理课程、心理讲座、心理活动等，增强了识别心理问题和应对心理问题的能力。特别是经常困扰学生的学习压力问题、交友问题、情绪管理与表达问题，在科学、专业的指导下，乡村学生的应对能力显著增强，这有利于学生构建轻松、愉快的生活环境，学生也因此会将更多的精力放到学习活动上，专注于学习和生活。同时，乡村学校更加关注家校共育，注重增强家长对学生心理问题的识别和应对能力，通过讲座和活动等方式对家长做家庭教育的相关培训，帮助家长逐渐了解科学处理青少年心理问题的方法，掌握家庭教育的方法，这样有助于优化乡村学生的家庭教育环境，逐渐形成家校共育的环境。

（四）乡村学生开阔了视野，点燃了梦想

城乡中优化小学一体化发展后，一方面，乡村学生可以参与到更多类别的社团、综合实践活动和社会调查活动等，开阔了乡村学生的视野；另一方面，乡村学生在社团、综合实践活动和社会调查活动中做出的系列成果可以让他们有更多机会参与各级各类比赛项目。参加比赛的

意义之一就是乡村学生可以在借助比赛的平台见识到更多优秀的同辈人，见识到更好、更大的世界。这样，他们不仅开阔了视野，而且会悄悄在心里种下梦想的种子，孩子一旦有了梦想，其内驱力就被激活了。良好的比赛成绩对乡村学生来说更是莫大的鼓励，这会增加他们追逐梦想的信心。

二、教师因素

（一）教师教学理念与教学能力显著提升

教师的基本素养是影响学生发展质量的重要因素之一，城乡教师之间的联合教研、教育资源共享和师徒结对等交流活动显著提升了乡村教师的教学能力，助力了乡村学生发展质量的提升。如图 4－3 所示调查结果显示，参与城乡中小学一体化项目后，76.34% 的乡村教师认为其课堂设计能力和对学科知识结构的认知能力提升较大。例如教师 A 表示：“在师傅的指导下，我不仅会在课堂设计中更关注如何培养学生的自主探究能力，关注课堂结构的合理性，而且对学科知识结构的认知也更清晰、系统了。”73.12% 的乡村教师认为其对学科重难点把握更准了；认为该项目帮助其提升了对学科知识体系和学科本质的把握能力、对学科思想方法的理解的乡村教师分别占 61.29% 和 60.22%。

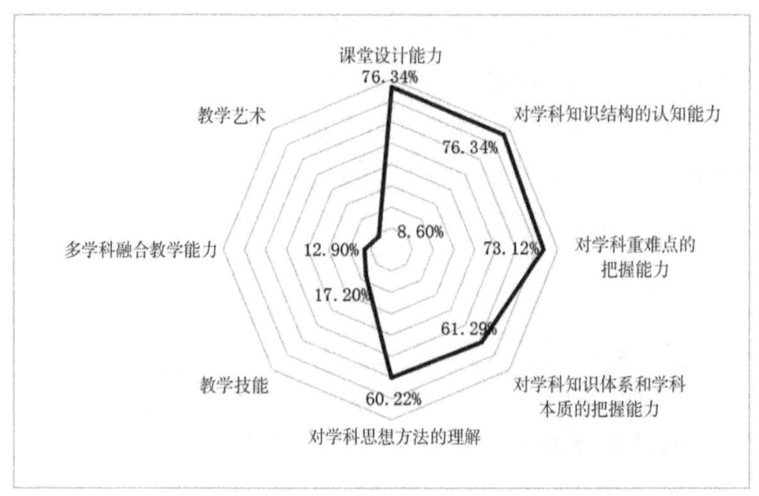

图 4－3 城乡中小学一体化发展对乡村教师教学能力提升的影响

（二）助力乡村学生发展质量的提升

乡村教师在城乡中小学一体化发展项目中显著提升的教学素养和能力也是乡村学生发展质量提升的关键变量之一。如图 4－4 所示的调查结果显示，74.19% 的乡村教师认为其个人的成长对乡村学生的学习习惯培养起到了正向作用，这里所指的学习习惯包括帮助学生掌握有效的学习方法、使学生具备合作学习的能力、提高学生学习的自信心和培养自主学习意识等。65.59% 的乡村老师认为，其提升了学生的自主探究、独立思考、发现问题、解决问题等方面的探索发现能力。49.46% 的乡村教师认为，在城乡中小学一体化发展后，城镇教师协助乡村学校创办的社团、学生综合实践活动为乡村学生提供了开阔视野的平台，使其综合实践能力得以提升。48.39% 的乡村教师认为其助力学生改变了行为习惯和培养了学科思维，学生行为习惯改善的内容包括更注意举止文明、礼貌待人、自己的事情自己做等。47.31% 的乡村教师认为，在与城镇教师交流后，其更加注意培养学生的阅读能力，这不仅帮助乡村学生培养了阅读习惯，而且提升了他们的阅读量和阅读理解能力。认为其个人能力的提升带来了学生的学业成绩和实验能力提升的教师分别占45.16%和43.01%。调查中还有24.73%的乡村教师认为其个人能力的提升对学生的美育实践能力提升效果明显，这说明目前城乡中小学一体化发展对乡村学生美育实践能力提升的影响不明显，这可能是因为美育实践能力的提升需要更多时间的积累，也可能是因为目前的城乡中小学一体化发展项目对美育实践的关注度不够，未来可以通过为乡村学生提供更多参加艺术展览、观看文艺演出的机会，尝试进一步提升乡村学生的美育实践能力。

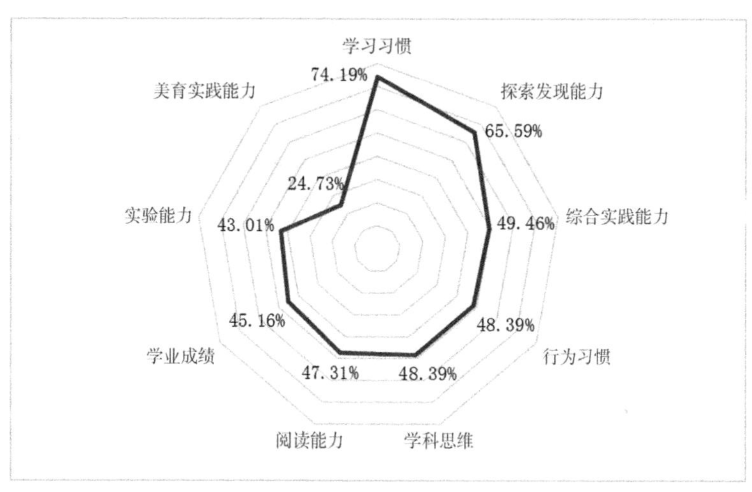

图4－4　乡村教师教学能力提升后对乡村学生发展质量提升的影响

三、学校因素

（一）课程建设能力提升

课程是学生发展的重要支撑，城镇学校协助乡村学校建设学生社团和综合实践活动课程是城乡中小学一体化发展项目的重要内容之一。如图4－5所示的调查显示，27.52%的乡村教师认为社团和综合实践活动提升了乡村学生的综合素养。中小学生的综合素养包括学习能力、信息收集和处理能力、合作交流能力、自主探究能力、逻辑思维能力和创新能力等方面。25.69%的乡村教师认为社团和综合实践活动课程开阔了乡村学生的视野。梳理项目校的资料发现，在城乡中小学一体化发展后，乡村学校开设的社团课显著增多，曲棍球、纸膜服装、天文、人工智能等社团课程逐渐进入乡村学生的学习和生活中。与此同时，乡村学生的综合实践活动规模也显著增大，频次显著增多。随着社团和综合实践活动课程门类的增多，学生的作品和成果也显著增多，这提升了乡村学生参加市区级乃至国家级比赛的机会和能力。学生在参加这些社团和学生综合实践活动后，14.68%的乡村教师认为其合作能力明显提升，8.26%的乡村教师认为学生的沟通能力也显著提升。

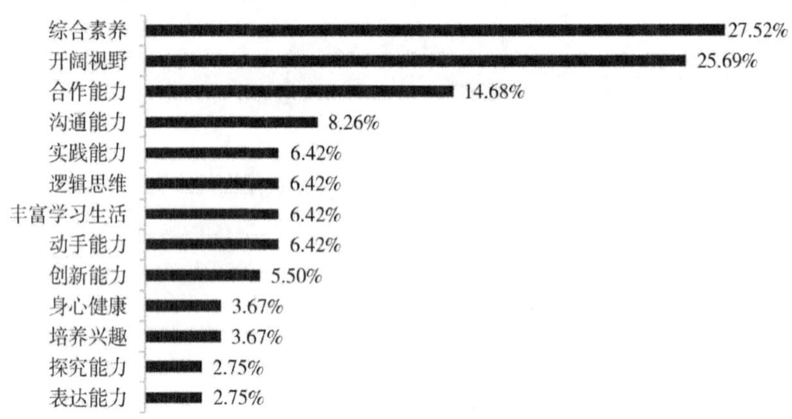

图4-5　城乡中小学一体化发展的社团和综合实践活动对乡村学生综合素养的影响

（二）课堂管理能力增强

在课程改革的背景下，城镇学校紧跟国家课程改革的方向，在对课程标准、课程理念深入研究的基础上，建立系统化的课堂管理标准。例如昌平区第一中学提出的“三思课堂”的课堂标准就对课堂质量提出了明确、规范的要求，这不仅有助于教师按照课堂标准提升课堂质量，也有助于提高课堂管理的效率。在城乡中小学一体化发展后，乡村学校借鉴城镇学校课堂管理的方法和经验，基于新时代教育教学发展方向，在结合本校学情和学校文化的基础上，逐步制定出学校的课堂管理标准，从而提升乡村学校的课堂管理能力。

（三）教师队伍建设能力增强

教师是学生学校学习生活的设计者、组织者、建设者和参与者，教师队伍的素质对学生发展质量影响深远。教师队伍建设本身就是城乡中小学一体化发展项目的重要内容之一，城镇学校助力乡村学校提升教师队伍建设的主要内容包括以下几个方面：一是城乡学校间的教师师徒结对、联合教研、观摩课堂、教学资源分享等活动对乡村教师素养提升效果显著，是乡村学校教师队伍建设的重要组成部分；二是乡村学校的教师在课堂教学比赛或者带领学生参加综合实践活动等学生比赛项目时，可以获得城镇教师和专家的专项指导，有利于提升乡村教师的教育教学能力；三是在城乡中小学一体化发展项目中，能作为资源输出的城镇学校，多数历史悠久，教育教学质量突出，已经形成了一套系统的教师队伍建设方案，乡村学校在城镇学校的指导下，其教师队伍建设的方向和框架更清楚，体系性更强；四是城镇学校本身就是乡村学校教师队伍建设的重要资源库，可以为乡村学校做教师培训，同时可以帮助乡村学校链接到优质的教师培训资源，从而提升乡村学校的教师队伍建设能力。

（四）德育管理能力增强

德育管理能力的提升对学生的身心发展、品德发展及劳动与社会实践能力发展十分重要。班主任队伍建设是城乡学校间的重要探讨内容之一，主要形式是乡村学校教师参加城镇学校的班主任培训、班主任沙龙、专家讲座、主题班会课等，从而提升乡村学校班主任的班级管理能力；同时，城乡学校间会组织干部交流活动，就学生管理、德育课程建设、德育活动组织等方面展开深入探讨，增强了乡村学校德育课程的顶层设计能力和学生精细化管理能力，对学生发展质量的提升影响较大。

（五）为学生综合素质的发展搭建了高效平台

一方面，城镇学校协助乡村学校丰富和提升了学生综合活动和社团课程的内容。例如，访谈中某教学主任 A 表示："本来我们想开一些社团课程，但是之前学校没有教师有这个能力，我们也很难找到相关的资源，和城镇学校建立联系后，在他们的指导和支持下，我们的社团活动内容越来越丰富。"另一方面，城乡学校在社团课程和学生综合实践活动上找到双方学校均具备优势与特色的契合点，联合举办活动、参加比赛，将优势最大化后，可以为学生搭建更高等级的展示和交流的平台，这有助于城乡学校学生的共同发展。

第五章　城乡中小学一体化发展助力乡村学校提升乡村学生发展质量的方式

学生发展质量提升是学校办学质量提升的最终结果。学校办学质量评价的维度主要有办学方向、课程教学、教师发展和学校管理。城乡中小学一体化发展是提升乡村学生发展质量的关键路径，概括来说就是：它能直接作用于学校办学质量的某几个维度，通过提升学校办学质量，进而提升乡村学生的发展质量。目前，城乡中小学一体化发展的主要形式有集团化办学、名校办分校、城乡学校"手拉手"等。通过整理访谈资料发现，在城乡中小学一体化发展的框架内，不同的发展形式对乡村学生发展质量提升的作用点和作用力度不同，概括起来主要有以下几种路径。

第一节　注入高效的管理制度与理念

一、高效的管理制度与理念的作用

集团化办学是城乡中小学一体化发展的形式之一。集团化办学是在区域内将一所名校（也可称为集团总校）和几所学校组成一个教育共同体的办学体制。在名校的引领下，集团内的学校秉承相同的教育理念，在学校管理、教育科研、教育评价、校产管理等方面统一管理，从而实现优质教育资源共享，促进区域内教育均衡发展。机制体制建设、课程建设、文化建设、教师队伍建设、教育教学管理与评价、招生方案、绩效改革、资源共享等方面是集团化办学的重要探索内容。

为乡村地区的学校注入高效、前沿的管理理念与制度，更新乡村学校的管理组织架构，是集团化办学区别于其他的城乡中小学一体化发展形式的显著特征。乡村学校加入集团后，在教育理念、管理理念与制度、教育教学管理与评价等方面需要与集团统一。因而，乡村学校会在集团总校的指导下，尽快更新管理理念、管理制度和学校组织架构等。与集团化办学类似，一体化合作办学模式中的名校办分校，同样可以通过为乡村地区的学校注入高效的管理理念和制度，提升乡村地区学校的教育教学质量。

高效的管理制度与理念能够助力提升乡村学校教育教学质量。乡村学校进入名校集团，或者是一体化合作办学模式的名校办分校在乡村地区落地后，集团总校会给乡村学校分派一个管理团队或者分管校长，更新或者重构乡村学校的管理架构，从而将总校的管理理念、管理方法带到乡村学校，提升学校的管理能力。正如 C_1、A_3、B_1 所说，“学校发生根本变化最关键的原因是获得了集团的统一管理，管理方法更科学高效，管理内容更细致”“集团总校指派了新的执行校长来管理学校，新校长把总校的管理理念带到学校，建立了一套新的管理制度，新的管理制度为学校的发展注入了新动力”“校长的理念能紧跟总校和教育政策的理念，因而我们学校的发展和教育政策的方向特别契合，几乎没走弯路”。

高效的管理制度与理念能够充分激活教师的内驱力。乡村学校在高效的管理制度与理念的引领下，搭建了科学的管理框架，制定了有利于激发教师内驱力的制度，例如制订教师专业成长方案、建立绩效奖励制度等，这可以充分激发教师自我成长的动力，使得教师在新的管理框架内的内驱力被充分激活。内驱力是教师成长的关键因素之一。除此之外，集团还会通过组织联合培训、联合教研、师徒结对等活动，为乡村教师的专业成长提供资源支持，在强烈的内驱力和集团内资源的支持下，乡村教师的教育教学能力会快速提升，具体表现为其设计的教育教学活动质量提升，学生发展质量显著提升。

集团化后我们采用了集团统一的课堂标准，在标准统一后，教师就有了明确的目标，当教师发现其设计的教育教学活动达不到课堂标准的时候，他们会主动想办法提升课堂教学的设计能力。

集团化后，按照集团统一的管理标准，我们对学生的管理更科学、高效和细致。这里的细致主要体现在对学生在校时间的规划上，我们会科学地规划学生在校的主要时间节点的活动与任务，使得学生明确每个时间块的主要目标，让学生在校的生活更有序。

（C_1 反馈于 2022 年 7 月 17 日）

高效、科学的管理制度可以让教师看到自己发展的方向，助力教师专业成长。这样的管理架构可以让教师看到职业发展的路径和希望，从而使得他们自主追求发展与成长，提升工作能力和教育教学水平。

（B_1 反馈于 2022 年 5 月 23 日）

教育集团会定期组织“校长论坛”，结合集团发展过程的重点、热点、难点问题，确定论坛主题，在思想的交流和碰撞中，提升学校的管理能力。集团还会通过全员培训和重点培养等方式加强分校干部队伍的建设。全员培训面向集团所有中层以上干部，采用集中培训和网上培训相结合的方式；重点培养是根据各个分校的发展需求，为分校干部提供跟岗实习机会，或者选派总校的中层干部到分校“传帮带”。

（B_3 反馈于 2023 年 7 月 19 日）

二、乡村学校注入高效的管理制度与理念的案例分析

管理赋能
——以清华大学附属中学昌平学校悦府校区小学部为例

一、学校简介

清华大学附属中学昌平学校悦府校区小学部（以下简称清华附中昌平悦府小学）由清华大学附属中学和北京市昌平区教委合作创办，创建于2018年，建制24个教学班。学校秉承清华附中“自强不息、厚德载物”的校训，践行“德修于行、行胜于言”的校风，创办的初心是让清华精神在学生心中生根发芽，让家长们相信家门口就有值得信赖的好学校。

二、发展面临的问题

在教育均衡化发展的背景下，在众多“名校办分校”的实践探索中，清华附中昌平悦府小学的发展面临一系列的问题：如何成为回龙观与天通苑地区（以下简称“回天地区”）的“教育新高地”，赢得学生、家长和社会广泛认可呢？作为新建校，如何建立高效的管理制度和组织结构，使得学校的教育教学工作快速进入正轨？清华附中的文化“种子”落入昌平地区的教育土壤后，如何让这颗“种子”适应“昌平水土”尽快生根发芽，茁壮成长呢？

三、突破问题的方法

（一）秉承清华文化基因，构筑清悦教育文化理念，明确办学方向

构筑教育文化理念，明确办学方向对学校的发展至关重要。学校教育文化理念和办学方向是学校各项具体工作的出发点，影响深远。清华附中昌平悦府小学作为清华附中“名校办分校”的一分子，一方面需要坚守清华附中人才培养、改革创新、承担社会责任的三大使命，为清

华附中的品牌形象添砖加瓦；另一方面，作为昌平区引进的名校，成为“回天地区”的“教育新高地”是清华附中昌平悦府小学的愿景。

那如何构筑符合清华附中的品牌和昌平教育特色的教育文化理念，明确符合时代教育发展要求的办学方向呢？答案就是传承清华附中文化基因，结合本校地方特色，构筑清悦教育文化理念，明确办学方向。

为此，清华附中昌平悦府小学沿用了清华大学的八字校训——“自强不息，厚德载物”，在充分调研公园悦府社区现状的基础上，经过集团领导到校亲自指导、集团邀请专家指导、清华附中昌平悦府小学组织教职工大会集体调研后，确立学校的办学宗旨为“清韵激励成长，悦享精彩人生”。“清韵”即清华韵味、清华精神，希望学校的学生都能在清华精神的激励下茁壮成长，悦享自己精彩的人生。这样的阐述让清华精神在与清华附中昌平悦府小学的内涵融合时更加校本化、具体化，更便于学生、教师理解，也确立了清华附中昌平悦府小学发展的文化内核，增强了学校的文化软实力。并且经过多年的实践与探索，清华附中昌平悦府小学初步凝练出清悦教育文化理念，明确了办学方向。

（二）借鉴清华附中的管理架构，建立清华附中昌平悦府小学高效的组织架构

建立高效的组织架构是学校迅速高质量运转的前提。为此，基于“名校办分校”的优势，清华附中昌平悦府小学主动借鉴了清华附中的管理架构。清华附中昌平悦府小学在借鉴集团组织架构的基础上，结合教师年轻化、干部年轻化的校本特点，在校级领导与清华附中的专家交流和研讨后，创新管理结构，初步建立了清华附中昌平悦府小学的基本组织架构（见图5－1）。

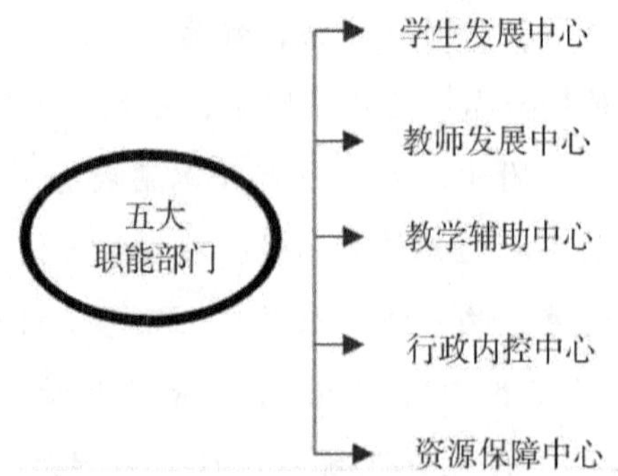

图 5-1 清华附中昌平悦府小学的基本组织架构

（图片提供者：清华附中昌平悦府小学　吕蕾）

与清华附中相比，再结合清华附中昌平悦府小学的校情，学校将教学管理与研究中心细化分工拆解为两个大的部门，即教学辅助中心（负责教学日常管理）和教师发展中心（负责教师教学科研）。组织架构搭建完成后，各部门分别完善管理办法、明确各个岗位职责、梳理各项工作规程。这样的组织架构的设计，不仅有利于最大限度地发扬清华附中的办学优势，突出清华附中的管理特色，体现清华附中的学校文化，而且有利于学校扁平化管理，体现学校以教学为重的方向，在破解年轻干部教学管理经验不足的问题的同时，又能尽快提升一线教师的教学水平。

（三）集团干部派入，注入高效的管理理念

为了让清华附中昌平悦府小学紧密衔接集团化办学方式，集团总校派驻有经验的优秀干部对清华附中昌平悦府小学进行统一管理。例如在集团总校的派驻下，学校的执行校长杨莹于 2021 年 8 月到清华附中昌平悦府小学任执行校长。杨莹校长是集团内的优秀管理干部，是海淀区数学高级教师，多次在市区级课堂教学大赛中获奖，在清华附中永丰学校任副校长期间，带领教师们开发的半亩棉田项目式课程获得“北京市优秀校本课程”称号。清华附中昌平悦府小学教学副校长杨雪松，是海淀区高级教师、心理学科骨干教师，在市区级课堂教学大赛中多次获奖，在清华附中永丰学校多年任教学辅助中心主任一职，具有丰富的教学管理经验。集团派入的优秀干部让清华附中昌平悦府小学在办学理念、价值追求、育人质量上与集团高度融合统一，在教育教学行动、教师队伍发展、高品质建设中与集团实现齐步共进，这特别有利于学校的教育教学质量发展。

（四）集团内的成员校定期交流，拓宽领导干部办学思路

清华附中教育集团总部每学期都会安排校级校长交流活动，保障集团化办学质量。清华附中昌平悦府小学的杨莹校长，多次参与集团组织的交流活动，从教学管理、教研管理、德育工作、行政管理、后勤管理、制度管理等全维度汇报“双减”政策背景下及新课标实施后的提质增效问题。校际的交流汇报，为各校相互借鉴学习提供了契机，让各校在关注自身发展问题的同时取长补短，相互助益。

（五）系统参与集团培训，助力教师队伍建设

各分校教师招聘的方式是按照学校所在区区级统筹，各校自主招聘。为解决集团内校际教师培训不均衡的问题，清华附中教育集团利用自身办学条件好、办学水平高、教学资源丰富的优势，整合培训资源，开展多维度的培训，助力集团成员校师资队伍建设。

例如，集团会开展新教师培训，助力集团内各校新教师了解清华文化，产生集团归属感，建立共同的清华文化底色。开展教研组长培训，输出集团优秀教研智慧，各校可以借鉴经验，高效提升教育教学质量。这样的做法不仅可以协助集团内的成员校减少教师培训的成本，而且可以助力成员校高效发展。

（案例提供者：清华附中昌平悦府小学　吕蕾）

案例分析：

第一，这是一个北京市域内的城乡中小学一体化发展形式的典型案

例，体现了集团化管理上的优势。

相对于北京市的城六区来说，昌平区的学校可以划分到乡。因而在本案例中，清华附中昌平悦府小学作为清华附中集团分址办学的一所小学，虽然是“名校办分校”的形式，但是和总校联系紧密，符合集团化发展的特征，可以说是跨行政区域的集团化，体现了集团化管理上的优势。由此，我们可以深刻地体会到，城乡中小学一体化发展中的城乡是相对的，城镇学校和乡村学校本身具有相对性。

第二，集团的管理组织架构可以帮助新建校高效发展。

清华附中昌平悦府小学作为一所新建校，如果没有清华附中集团的文化理念、组织架构为参考，经过慢慢的摸索和实践，同样可以探索和发展出自身的组织架构与文化理念，但是这个过程会比较漫长和曲折。因为清华附中昌平悦府小学是清华附中的集团校成员，在起步阶段，它可以说是站在清华附中这个“巨人”的肩膀上，清华附中实践多年的管理组织架构和文化理念，可以快速生发出清华附中昌平悦府小学的文化理念和管理组织架构，从而使得学校发展少走弯路，高效发展。同时，清华附中昌平悦府小学作为清华附中教育集团的成员，在它建立管理架构和文化理念的过程中得到了集团内专家与领导的指导，提升了其科学性和可行性。

第三，集团派驻的优秀管理干部带来了前沿的管理理念。

优秀的管理制度与组织架构需要优秀的管理者实践。清华附中昌平悦府小学的校长和副校长均是清华附中集团内经验丰富的优秀干部，他们充分了解集团总校的办学理念、价值追求、育人质量要求，作为学校的主要领导，他们在清华附中昌平悦府小学组建管理团队后，能够在现有资源和条件的基础上最大限度地将清华附中教育集团的教学管理、教研管理、德育工作、行政管理、后勤管理、制度管理理念与方法带入清华附中昌平悦府小学，促进学校高质量发展。

第四，集团内部的教师队伍建设、校际交流管理制度有利于提升成员校的教育教学质量。

教师队伍建设是学校教育教学质量提升的关键之一，也是影响乡村学生发展质量的重要因素。清华附中教育集团统一组织的教师培训和联合教研活动不仅降低了清华附中昌平悦府小学教师队伍建设成本，而且为清华附中昌平悦府小学教师的发展提供了优质教育资源，打开了教师发展的通道，有利于激发教师自我发展的内驱力。清华附中教育集团内定期举行的校际领导干部交流活动，是清华附中昌平悦府小学开阔办学视野，从集团内汲取经验和资源的良好平台，这样的管理制度既有利于激发集团内各成员校的潜能，又可以启发学校领导的办学想法，是管理赋能的有效做法之一。

第五，乡村学校在参与集团化办学时，既要有集团的共性又要凸显学校的特色。

清华附中昌平悦府小学在借鉴清华附中的管理架构、教育教学理念的过程中并没有照搬全抄，而是在调研、专家论证的基础上，结合学校所在社区、学校自身发展阶段、学校教师和学生特征、昌平教育的特征做了本地化的调整。清华附中昌平悦府小学在发展的过程中秉承了清华的文化基因和教育理念，坚持在办学理念、价值追求、育人质量要求与集团总校保持一致，但是在具体的管理细节上又结合本校情况，保持了本校的特色。这提醒我们，集团化发展不是统一化、去特色化，乡村校和新建校在加入教育集团时，需要根植于所在区域的土壤，在保持集团共性的基础上，又要保持自身特色，这样学校才能有持续的生长力。

第二节　完善课程体系

课程建设是城乡中小学一体化发展项目的重要内容之一。课程建设的具体内容包括提升国家课程实施的质量，提升校本课程、综合实践活动课程和社团课程的设计与实施能力，以提升乡村学校课程育人能力，完善乡村学校课程体系与课程结构，满足学生多样化、全面发展的需求，形成学校特色课程体系。

一、城镇学校助力乡村学校课程建设的方法

城镇学校提升乡村学校课程质量的方法包括引进课程、指导开发课程、提升教师课程开发的能力等。

其中，引进课程是经过城乡两校协商后，基于乡村学校的发展需求和发展特征，将城镇学校中适合乡村学校的课程，结合乡村学校的校情作相应的调整后引入乡村学校。例如北京市昌平第二实验小学在与“手拉手”的城镇学校深入交流后，发现本校比较需要学生心理方面的课程，于是经过两校领导沟通后，在“手拉手”学校的帮助下引进了“一年级入学心理”课程。该课程隔周一次，老师们带着学生了解自己、认识自己，在游戏和活动中帮助学生学会控制情绪。

指导开发课程是城镇学校的专家为乡村学校具体课程的开发或者课程体系构建提供专业指导，并根据乡村学校课程开发中遇到的问题提供相应的资源辅助。例如，城镇“手拉手”学校多次邀请天通苑学校的教师及课程主管参与社会实践活动课程，向老师们解读课程操作与实施的具体环节，分享校本课程读本，指导天通苑学校特色传统课程书法课的开发与实施。清华附中昌平悦府小学的德育课程建设参考了清华附中的德育课程体系，在清华附中的指导下，其德育课程做到了“月月有主题，周周有活动”。霍营中心小学借助城乡中小学一体化发展项目平台，重点建设了“主题月综合实践活动”课程、“小学主题融合教育戏剧”课程、“和育彩虹”一年级培训课程、“和美致远”六年级毕业课程，丰富了“动静相和”的“和育”课程体系，拓宽了学生教育的途径。

提升教师课程开发的能力主要是通过讲座、参观学习等培训方式。例如，城镇的“手拉手”学校北京市第一六一中学回龙观学校为其提供课程开发所需的相关资料供教师及主要领导干部学习，派课程开发的骨干教师为北京市第一六一中学回龙观学校做课程开发及课程体系建构的方法和策略的讲座培训，在提升北京市第一六一中学回龙观学校教师课程开发的能力的同时，也打开了学校改善课程结构的大门。

校本课程、社团课程、综合实践活动课程是乡村学校借助城乡中小学一体化发展项目建设的主要课程，这些课程为乡村学生活动搭建了有效的活动平台，助力了乡村学生综合素质提升。例如，霍营中心小学依托城乡中小学一体化发展项目研发了“主题月综合实践活动”课程，以主题月综合实践活动课程为基础，整合校内外的课程资源，创建了“主题月学生实践活动体系”。目前，霍营中心小学的主题月包括艺术体验月、科技创新月、遵规守法月。在艺术体验月，学校利用课后服务时间开展各种艺术类竞赛活动；在科技创新月，学校组织学生参加各种科技制作活动；在遵规守法月，学校开展家长大讲堂、学生大讲堂及垃圾分类的各种讲座。目前，霍营中心小学的主题月综合实践活动课程为学生提供了优质、多元的活动，满足了学生个性化、多样化的发展需求，有效地提升学生综合素养。

二、乡村学校课程建设的案例分析

（一）集团助力课程开发与实施

清华附中昌平悦府小学的劳动教育课程

为深入贯彻落实习近平总书记关于劳动教育的重要论述精神，充分发挥劳动育人价值，引导学生树立正确的劳动观，崇尚劳动、尊重劳动，增强对劳动人民的感情，报效国家，奉献社会，清华附中昌平悦府小学根据《关于全面加强新时代大中小学劳动教育的实施方案》等文件要求，为学生打造在真实场域中，带来真实体验，获得真实感受的劳动教育课程。

一、劳动教育课程建设的过程

一是依据清华大学关于劳动教育的观念，确定清华附中昌平悦府小学的劳动教育课程理念。清华大学校党委书记邱勇强调劳动教育在“德智体美劳”五育并举中具有重要意义，劳动可以树德、可以增智、可以强体、可以育美。自2022年，清华附中昌平悦府小学确立“以劳育德、以劳启智、以劳健体、以劳益美、以劳取乐”的劳动教育课程理念。

二是基于清华附中综合课程体系和清华附中昌平悦府小学劳动教育的理念，确定了劳动教育课程结构及内容。结合推进“中医药文化进校园”这一市、区级重点项目，清华附中昌平悦府小学确定以项目式学习为抓手，以“$2+N+3$”的模式开设了“听‘清小悦’讲四时百草”之中医药文化进校园课程。该课程包含“中医药和二十四节气”“认识中草药和传承中医药文化”这两大主题。“听‘清小悦’讲四时百草”系列课程聚焦二十四节气与中草药文化两条主线，分学段开展课程，通过观结构、闻气味、尝味道等活动让学生逐步认识24个节气的物候特征及48种中草药植物，落实了劳动教育与中国传统文化的有机结合，让学生的劳动体验与收获做“乘法”。

三是基于清华附中的课程目标，确定课程开展方式。基于清华附中提出的建设“符合国家课程改革基本要求、具有清华附中特色、促进学生全面而有个性的发展、促进教师素质整体优化、进而促进高中教育教学质量不断提高的清华附中高中课程体系”的课程目标，清华附中昌平悦府小学确定了“听‘清小悦’讲四时百草”劳动教育课程的开展方式为项目式学习和任务单式学习的综合模式，并在设计项目和任务单的时候有意识地引导学生运用两种或两种以上学科的知识去探究一个中心主题。

四是集团指导，助力课程实施。在课程实施的过程中，集团提供了许多帮助，一是清华附中昌平悦府小学在课程开发阶段积极与集团总部沟通想法，总部对课程建设以及24个节气和48种中草药植物进行了进一步的划分，使得课程开发的思路更加清晰，可实施性更强；二是设计在课程实施阶段，集团的团队老师及时提供了种植指导，辅助清华附中昌平悦府小学的中药种植计划圆满落实。

五是在集团内校际共研，拓宽了课程研发的思路。在“听‘清小悦’讲四时百草”课程实施一个阶段后，清华附中昌平悦府小学积极与集团内的学校分享课程资源，将24个“清小悦”讲师讲解的视频光盘（见图5－2和表5－1）和成册的课程设计与分学段任务单（见图5－3）分享给集团内的各个学校。并且基于此课程开展的情况，与集团内的部分学校展开现场讲解与交流，共同研讨，再由各学校的教师积极分享新时代下对劳动教育的想法，为“听‘清小悦’讲四时百草”系列课程提供了更多的研发思路。

图5－2 “听‘清小悦’讲四时百草”讲师讲解的视频之一

表 5－1 “听‘清小悦’讲四时百草”讲师团

序号	课程主题	中草药植物1	中草药植物2	主题	主讲人
1	芒种	金银花	艾草	节日——端午	二4班×××
2	夏至	薄荷	鱼腥草	清热祛火	六1班×××
3	小暑	凌霄	玫瑰	以花入药	四1班×××
4	大暑	紫苏	罗勒	以茎叶入药	五2班×××
5	立秋	黄芩	人参	以根入药	三5班×××
6	处暑	凤仙花	苍耳	以种子入药	五4班×××
7	白露	百合	白扁豆	环节秋燥——白色	二2班×××
8	秋分	迷迭香	香茅	餐桌上的香草	四1班×××
9	寒露	杭白菊	决明子	爱眼明目	三3班×××
10	霜降	柿子	栗子	养生进补——黄色	五1班×××
11	立冬	枸杞	枣	养生进补——红色	五3班×××
12	小雪	板蓝根	穿心莲	预防感冒	二1班×××
13	大雪	萝卜	姜	冬吃萝卜夏吃姜	三2班×××
14	冬至	葱	韭菜	饺子馅儿里的中草药	三1班×××
15	小寒	花生	莲子	腊八粥里的中草药	四3班×××
16	大寒	山楂	陈皮	健胃消食	四2班×××
17	立春	梅花	油松、竹	岁寒三友也是中药	四4班×××
18	雨水	辛夷	蜡梅	先花后叶的中药	五4班×××
19	惊蛰	紫花地丁	诸葛菜	感官—视觉— 路边的小紫花	三4班×××
20	春分	荆芥	地黄	感官—触觉— 毛茸茸的中草药	五1班×××
21	清明	丁香	山杏	感官—嗅觉— 香花也是中药	二3班×××
22	谷雨	紫藤	鸢尾	消炎止痛	一3班×××
23	立夏	益母草	萱草	母亲节	一4班×××
24	小满	蒲公英	车前	全身是宝，全药入草	一2班×××

（资料提供者：清华附中昌平悦府小学　吕蕾）

清华附中昌平悦府小学　悦百草课程任务单

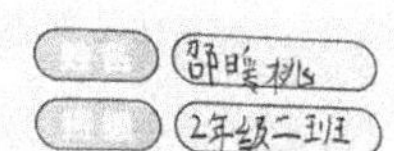

听"清小悦"讲四时百草

霜落夜凉，柿味悠长。古人喜欢在霜降时节吃红柿子，认为它不但能御寒保暖，还有"柿柿如意"的好兆头。柿子树上有哪些秘密呢，让我们一起去探索吧！

霜降——柿子

劳动体验：做柿饼

- 挑选没有破损、充分成熟的柿子，放在**淡盐水**里清洗一下。（想一想，为什么要用淡盐水清洗呢？）
- 将清洗的柿子**晾干**。
- 用削皮刀去除外皮，去除"叶子"，保留上面的柄。（此步骤建议在家长的协同下完成）
- 将柿子肉和柿子皮放在太阳底下**暴晒**，最好是在空气流通的地方。
- 在柿子晒制**第三天**的时候，我们可以用手轻轻捏下柿饼，将它捏的扁一点，这样就能加快它的晒干速度啦！
- 准备一个可储存的容器，将晒好的柿饼放入容器里，铺上一层干柿子皮，加盖，放在**阴凉处**生霜。

请你亲自动手制作，将你的制作过程记录在下面吧！

我的制作过程

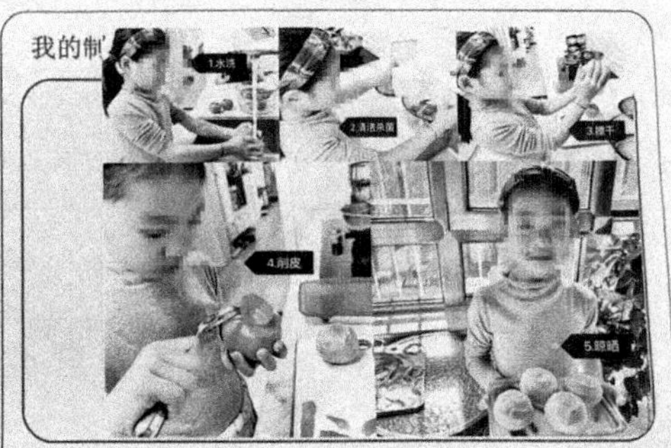

我的制作感受

我在做第一部非常简单前三部简单，不过削皮很容易刮到手，第五部很

家人点评

你做的很努力，根据制作单的方法还查了网上更多的攻略，不仅锻炼了动手能力，还加深了对节气的认识，收获多多，期待你的柿饼端上餐桌！♡

图 5－3　"听'清小悦'讲四时百草"任务单之一

二、基于劳动教育课程开发系列学生综合实践活动成果

（一）四时节气主题实践活动

启春行动：学生们在悦染园的种植箱内开展清理、翻土、清运垃圾、箱体换新等活动，为种植箱刷漆换上"新衣服"，同时，邀请集团的学子一同"以劳健体"，做有活力的清悦人，在劳动中锻炼学生强健的体魄。具体如图 5－4 所示。

(a) (b) (c) (d)

图 5－4 “启春行动”活动

（图片提供者：清华附中昌平悦府小学 吕蕾）

谷雨播种节：在每年一届的“谷雨播种节”活动中，集团的团队老师提供种植指导和相关的培训活动。各种形式的专家讲座、自主探索活动，极大地开阔了孩子们的眼界。在快乐的田间劳动中，同学们体会到劳动的快乐，脸上洋溢着笑容，心中充盈着对大自然的亲切和向往，这让劳动育人的真谛一点点走进课堂，进入学生的心中。具体如图5－5所示。

(a)　(b)　(c)　(d)

图 5－5　“谷雨播种节”活动

（图片提供者：清华附中昌平悦府小学　吕蕾）

秋分丰收节：在每年一届的“秋分丰收节”活动中，清华附中昌平悦府小学会邀请集团的师生、家长一同分享收获的喜悦，并在中草药种植区开展“中草药知识的小闯关”的活动。在活动中，学生不仅识得飘香的迷迭香、百里香和艾草，而且能描绘盛放的桔梗、黄芩和金银花。具体如图 5－6 所示。

（a） （b）
（c） （d） （e）

图5－6 “秋分丰收节”活动

（图片提供者：清华附中昌平悦府小学 吕蕾）

悦享劳动时光，品味丰收之乐：在“秋分丰收节”过后，学生会将亲手种植的中草药根据药理调配出可口的金银花茶饮、制作出美味的藿香鸡蛋羹等，将在学校的劳动成果与家庭生活完美融合。具体如图5－7所示。

（a）　　　　　　　　（b）

图 5－7　“悦享劳动时光，品味丰收之乐”活动

（二）家校社共育主题实践活动

东小口镇学雷锋主题活动：雷锋日，“清小悦”讲师团积极参加服务性劳动，化身中医药文化传播使者，参与东小口镇学雷锋志愿服务活动，为社区居民义务讲解金银花、陈皮、黄芩等中草药知识，传播中医药文化。具体如图 5－8 所示。

（a）　　　　　　　　（b）

(c) (d)

图5-8 东小口镇学雷锋主题活动

（三）清华附中学生节主题实践活动

集团搭建平台，带动学生活动发展。清华附中秉承“学生设计、学生主创、学生参与”的理念，设计组织开展学生节。清华附中昌平悦府小学积极组织创意剪纸社团、“听‘清小悦’讲四时百草”等活动走进清华附中参与其中。依托学校的中草药系列课程，创意剪纸社团的学生和老师一起分析学校种植的35种中草药，在了解它们各自的外形特征后，把它们手绘成剪纸纹样，然后用剪刀剪制出来。“听‘清小悦’讲四时百草”的小讲师自制中草药知识讲解展板，义务讲解金银花、陈皮、黄芩等中草药的知识，并为观展者提供相关茶饮（见图5-9）。清华附中学生节不仅为学生提供了展示劳动成果的平台，而且可以在劳动中培养学生发现美、创造美的能力。

图 5-9　“听‘清小悦’讲四时百草”活动

三、开发劳动教育课程及系列学生综合实践活动对学生发展的影响

在“听‘清小悦’讲四时百草”课程学习的过程中，学生通过在对应的节气用中草药制作香囊或是将中草药搬上餐桌的活动，不仅认识了我国的二十四节气，也加深了他们对中草药知识与文化的了解。在24位清悦小讲师的讲解活动中，学生又进一步增加了对中草药知识的认识和对中医药文化的传播了解。

家校社共育是清华附中教育集团推崇的育人模式，“听‘清小悦’讲四时百草”课程有助于构建家校社共育的育人环境，让学生在家校社协同的育人环境中提升综合能力。一方面，清华附中昌平悦府小学会积极与周边社区联系，组织学生到社区做学雷锋的主题活动，让学生有机会“走出书本看生活”，给学生搭建学习成果展示与应用的平台，让学生不仅可以体会到学习的价值，而且可以增加对社区的了解，提升学生的社会责任感。另一方面，在“听‘清小悦’讲四时百草”课程的实施过程中，学校会创造机会让师生和家长一同参与学习，并且通过邀请家长参与春种秋收等一系列的实践活动，让中医药文化融入校园和家庭生活中。由此可见，“听‘清小悦’讲四时百草”课程可以有效地将家校社有机地联系到一起，让学生在家校社协同合作的环境中，学以致用，感受到学习的价值。

（案例提供者：清华附中昌平悦府小学　詹娇娇　戴斯）

案例分析：

第一，集团总校可以全方位、系统化地支持乡村学校的课程建设。

清华附中教育集团在清华附中昌平悦府小学劳动教育课程的规划和建设过程中给予了全方位、系统化的指导。一是，清华大学关于劳动教育的正确观念引导清华附中昌平悦府小学确定了科学的劳动教育课程观念。二是，清华附中的综合实践课程体系帮助清华附中昌平悦府小学在劳动教育观念的指引下确定了系统化的劳动教育课程结构与内容，使得其劳动教育课程是系统化、结构化的。三是，基于清华附中“促进学生全面而有个性的发展、促进教师素质的整体优化”的课程目标，清华附中昌平悦府小学确定了该课程的开展方式为项目式学习和任务单式学习的综合模式。四是，在课程开发阶段，集团给予了辅助指导与把关，提升了课程的可实施性。五是，在课程实施阶段的关键环节，一方面集团总校会派教师入校指导，助力课程平稳顺利地落地；另一方面，清华附中昌平悦府小学的劳动教育课程在集团内被推广实施，这不仅有助于丰富课程的实践经验，而且拓宽了课程研发的思路。由此可见，加入集团校的乡村学校在课程研发的过程中，集团可以从课程理念、课程结构和内容、课程开展和实施以及课程推广提供系统、全面的指导与辅助，对于像清华附中昌平悦府小学这样的新建校，助益效果较大。

第二，在集团总校的支持下，乡村学校提升了课程开发与实施的能力。

作为集团的总校，清华附中有系统的综合实践活动课程体系和丰富的课程开发经验，清华附中昌平悦府小学加入清华附中教育集团后，减少了摸索选择课程开发理念的时间，减少了从零散的劳动教育活动到搭建系统的劳动教育课程结构和内容的探索环节，增加了课程实施的可行性和推广性。在课程开发阶段，清华附中昌平悦府小学从建校开始就已经有了科学、前沿的教育理念指引课程开发，有清华附中成熟的综合实践活动课程体系作为参考，有清华附中教育集团经验丰富的教师团队的指导和把关。因而其开发的劳动教育课程是结构化、系统化的。在课程实施上，一方面，在集团总校团队的指导下，清华附中昌平悦府小学在课程开发阶段就预设了课程实施可能出现的问题并及时做了改善和提升，减少了课程实施环节的曲折性，增强了课程实施的可行性。另一方面，在清华附中昌平悦府小学的劳动教育课程“听‘清小悦’讲四时百草”开发完成后，清华附中集团内的兄弟学校积极借鉴并推广实施，在实施的过程中减少了课程实施环节的曲折性，共同研究该课程的提升策略，这不仅拓宽了该课程的研发思路，而且对该课程进行了有效推广，使得该课程经过更多实践检验，提升了可实施性。

第三，综合实践活动课程是搭建学生活动的高效平台。

清华附中昌平悦府小学的“听‘清小悦’讲四时百草”劳动教育课程开发与实施的成果是搭建学生综合实践活动的重要材料。例如，清华附中昌平悦府小学基于从中草药的种植到收获的过程开展了四时节气主题实践活动；基于课程中学生讲解中草药常识的系列成果开展了家校社共育主题实践活动，到社区为居民讲解常见的中草药的常识，并提供茶饮；基于学生在中草药系列课程中掌握的常见中草药的形态、泡水中草药的常识等课程成果，搭建了学生参与清华附中学生节主题实践活动的平台，让学生在此平台上充分展示自己。

在课程的引领下开展综合实践活动可以提升综合实践活动的育人效果，也能提升学生综合素养。清华附中昌平悦府小学围绕“听‘清小悦’讲四时百草”劳动教育课程成果开展的四时节气主题实践活动、家校社共育主题实践活动、清华附中学生节主题实践活动，不仅可以巩固学生所学的中草药知识，增强学生学习和生活的趣味性，而且可以在学生参与活动的过程中培养他们的劳动精神、责任感、动手能力、沟通能力、合作能力、表达能力等。更重要的是，这些综合实践活动是紧紧围绕“听‘清小悦’讲四时百草”劳动教育课程成果开展的，有效地提升了综合实践活动的系统性和有效性。这样的综合实践活动是在有主题、有充足的时间准备材料、学生有能力的基础上开展的，是劳动教育课程成果的展示平台，可以系统化地提升学生的认知水平。因而这样的综合实践活动的育人效果也更好。

（二）引入优质资源，开发特色课程

北京市昌平区平西府中心小学玉文化课程

一、学校简介

北京市昌平区平西府中心小学地处城乡接合部，一校三址，包括中心校、白庙小学和东沙各庄小学两所完全小学，目前正处于发展期，师生规模逐年扩大。

学校发展面临两个主要挑战。第一个挑战是生源。因为学校生源划片区域内住宅社区与自然村交错并存，人口的经济结构、文化结构和职业结构复杂，生源分层严重。第二个挑战是区域内的强校和引进名校较多。学校紧邻回龙观和天通苑，在“回天行动计划”实施后，“回天地区”的学校办学质量迅速提升，加上近些年昌平区政府持续加大引进名校的力度，未来科学城区域名校云集，学校被区域强校和引进名校包围，办学压力大。

因此，引入优质教育资源，促进学校内涵发展是学校面对挑战采取的主要措施。教育的责任感和片区内人民群众对高质量教育的需求激励学校勇敢迎接挑战。学校经过深入的思考与探究，确定了引入优质教育资源，开发学校特色课程的发展路径。学校通过提升课程育人的能力，力争成为一所特色鲜明，有内涵的区域名校。

二、引入优质资源，开发特色课程的过程

（一）以生为本，与玉结缘

经过多年的教育教学实践，学校发现开发特色课程是提高学生综合素养的重要途径之一。

特色课程不仅可以完善和丰富学校的课程体系，而且可以丰富教学内容，增加学生的学习兴趣，提升学生的自主学习和创新能力，从而更好地促进新课程改革和新课标的有效落实。

玉文化课程是学校核心的特色课程之一，起源于培养学生文化自信的初心。2008年北京奥运会顺利召开，其中的金镶玉奖牌喻示中国传统文化中的“金玉良缘”，形象诠释了中华民族自古以来以“玉”比“德”的价值观，是中华文明与奥林匹克精神在北京奥运会形象景观工程中的又一次“中西合璧”。这深深触动了学校的每一名师生，尤其是出生在北京昌平“京黄玉”产地老君堂的关庆族老师。关老师结合自己的美术教学，开始尝试在课堂中融入玉知识的教学内容，渐渐地，他影响了一批教师，使得更多的师生与“玉”结缘（见图5-10）。为此，学校决定将中华优秀传统“玉文化”引入校园。

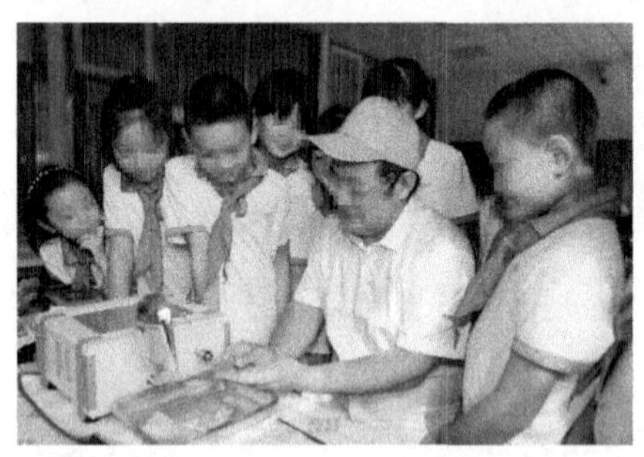

图5-10 关庆族老师与学生

（图片提供者：北京市昌平区平西府中心小学　孙磊）

（二）充分挖掘资源，推进玉文化进校园

在昌平区教委提出“一校一品，校校发展、校校精彩”的发展理念后，校长敏锐地察觉到这是打造学校“玉文化”教育品牌的重要时机。于是，学校充分挖掘社会资源，联合中国工艺美术协会玉文化专业委员会、中国玉文化研究会玉雕专业委员会、北京工美集团、北京玉器厂等玉界重要组织，多次开展玉文化进校园的专题研讨活动，探讨玉文化进校园的方式方法，探究在小学生中开展玉文化教育的路径。平西府中心小学在这些专业组织的指导下，开了我国义务教育阶段玉文化教育之先河，率先提出“玉文化进校园”，在小学生中开展中华玉文化教育。

（三）专家引领，构建玉文化校本课程体系

平西府中心小学相继聘请了唐克美、田健桥、张铁成、王希伟等23名业界专家和“中国工艺美术大师”作为玉文化教育指导专家，指导学校建设玉文化的课程体系，为学校读本的科学性把脉，帮助学校完成《少儿识玉》读本修编，为学校开展相关教师培训30余次。

2018年10月，“中国工艺美术大师田健桥玉文化教研室”在学校挂牌成立。田健桥大师和他的徒弟们亲入教学第一线，在学校开设了“儿童画玉雕社团”，补齐了学校玉文化课程体系中个性化课程建设的短板。田健桥大师协同学校提出了学生美育的新内容“儿童画玉雕”，学生在玉雕艺术家和社团教师的言传身教下，提高了对事物的认知力、发现美和感知美的能力。经过两个学期的创作实践，平西府中心小学完成了学生“儿童画玉雕”作品100余套件（见图5－11）。在2019中国工艺美术博览会上，平西府中心小学展出的学生“儿童画玉雕”作品共80件，被中国轻工业联合会授予中国玉石器百花奖特设奖项“工艺美术大师传承——新蕾奖”，并于2021年被中国轻工业联合会挂牌为“中国工艺美术大师传承创新基地院校”。

（四）内外合力，建成玉文化特色教育品牌

在专家助力和学校教师的辛苦耕耘下，平西府中心小学经过10余年的努力，初步建成了玉文化特色教育品牌。10余年来，平西府中心小学的干部和教师通过查阅文献、史料，走访玉界专家和玉雕大师，系统深入地梳理和研究了中华玉文化的相关概念、历史发展脉络与发展动态等。在专家的指导下，平西府中心小学的教师结合现代育人理念和义务教育课程改革纲要，积极探索了小学生开展玉文化教育的途径和方法，研发了《少儿识玉》的读本。在提炼了“仁义智勇洁”这些玉文化精髓的基础上，构建了以培养具有“仁爱、诚信、睿智、磨砺、儒雅”美好品质的玉美少年为目标的玉文化校本课程体系（如图5－12、图5－13）。

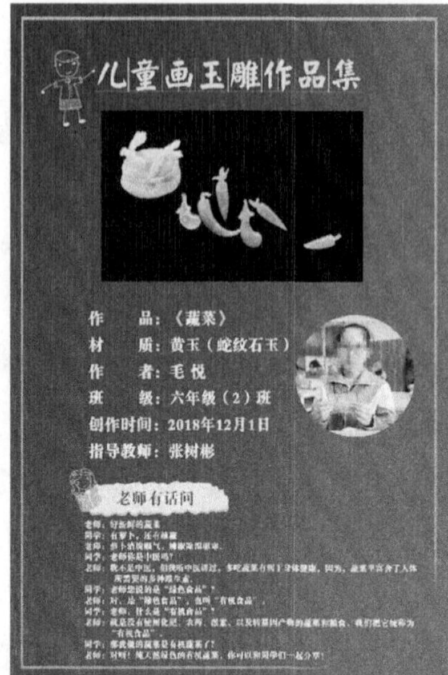

图 5－11　儿童画玉雕作品集展示

（图片提供者：北京市昌平区平西府中心小学　孙磊）

图5－12　玉美少年玉之“五德”

图5－13　玉文化校本课程体系

（图片提供者：北京市昌平区平西府中心小学　孙磊）

目前学校已经打造出了“玉美课程”和百节玉文化教育精品课，建了学校玉文化教育基地和玉文化教育成果展室，组建了玉文化学生社团，初步建成了玉文化特色教育品牌。几年来，新华社、中央电视台、北京电视台、北京晚报等媒体多次进行跟踪报道。2017 年 9 月，平西府中心小学承办了主题为“以玉润德，循玉启智，为学生人生发展奠基”的区级特色建设现场会，进一步凸显了学校的玉文化特色教育。学校现已成为“中国玉文化青少年教育示范基地”和“中国玉文化研究会玉雕专业委员会常务理事单位”，被昌平区科学技术委员会挂牌为“特色科技示范学校”。平西府中心小学还获邀参加了“中国玉（石）

器雕刻百花奖”评选、“原创亲工·匠心传承”当代玉雕艺术家作品展等活动，报送作品多次获奖。

学校的玉文化品牌课程使学生接受到了系统的玉文化教育，真正做到了对中华优秀传统玉文化的传承和弘扬，开创出了一条以玉文化教育为特色的学校发展之路。这对平西府中心小学的学生形成正确的人生观、价值观具有重要的现实意义。

（案例提供者：北京市昌平区平西府中心小学　袁宝山　孙磊）

案例分析：

第一，校外资源能帮助乡村学校补足短板，落实课程发展规划。

平西府中心小学在“玉文化”特色课程的建设过程有清晰的发展规划和定位，课程建设伊始，校长便基于昌平区教委提出的“一校一品，校校发展、校校精彩”的发展理念，确定了学校打造玉文化教育品牌的目标。作为一所中心小学，在玉文化课程发展规划落实的过程中，教师虽然了解学生，并掌握了熟练的教学方法，但不够了解玉文化。这时，学校充分利用校外资源补足短板，发挥优势。首先，引入业界有名专家入校培训教师，帮助教师了解玉文化的内涵与精髓。然后，学校充分发挥自身优势，在玉文化课程体系搭建过程中，学校主力解决涉及教育发展规律的问题，请校外专家帮助解决涉及玉文化的科学性问题。其次，在课程实施阶段，平西府中心小学教师的短板是玉器的打磨等动手实践内容，学校又及时邀请专家入校亲自上课，解决课程发展瓶颈。

由此可见，校外资源可以有效助力学校落实课程发展规划，帮助学校解决教育规律以外的专业性知识短板问题。校外的专业资源与学校了解教育教学规律的优势结合，能提高特色课程开发的效率，比较适合有清晰课程发展规划或者是有一定发展基础的学校。

第二，在引入校外资源来辅助学校课程建设的过程中，教师的主观能动性意义重大，学校要珍惜教师对课程建设的热情。

平西府中心小学玉文化课程建设的起点是出生在北京昌平“京黄玉”产地老君堂的关庆族老师被2008年北京奥运会中的金镶玉奖牌深深触动后，开始尝试将玉文化的相关内容融入课堂教学，进而，学校才决定建设玉文化课程。可见学校的品牌课程在从无到有的过程中，教师对课程建议的主动性和热情弥足珍贵，学校要珍惜这种热情，并且及时发现这样的“种子”教师。

平西府中心小学在玉文化的课程体系搭建过程中，团队多数教师都是在关老师和专家的带领下，经历了从一无所知到深入了解玉文化的过程。在这个过程中，只有教师不断地主动探究、主动钻研和主动学习才能发现新问题、提出新问题，找到校外资源引入的需求点，解决问题。只有立足于校内教师的辛苦钻研，校外专家的指导才能更有针对性。

第三，学校教师要掌握课程开发的主动权，校外资源只是辅助。

一线教师是最了解学情的人，学校的课程建设的主力应该是本校的教师，在具体的搭建课程框架、确定课程内容和课程实施方法等方面，本校教师应该充分发挥主动性，这样才能提高课程的可实施性，提升课程的实施效果。校外专家等资源在课程开发过程中应当起辅助作用，主要是技术指导和科学性指导。例如在平西府中心小学的玉文化课程开发过程中，本校教师需要深度参与课程搭建，校外专家的主要作用是指导提升课程体系的内容与质量，把关学校读本的科学性。平西府中心小学玉文化教育品牌的建设是在本校教师的主导下完成的，它根植于校情，因而可实施性强、实施效果好，学生的实际获得多。完全依赖校外资源建设课程会出现脱离校情的问题，就像无根之木，课程的生命力比较弱，难以发挥持续的育人功能。

（三）城乡学校互促互进，提升课程质量

昌平第二实验小学阅读与金帆民乐团特色课程建设

一、交流协作，互促互进

2018年，昌平区第二实验小学（以下简称实验二小）和海淀区万泉小学成为“手拉手”学校。两所学校不仅有共同的特色活动——阅读，而且均有金帆民乐团。两校基于阅读和金帆民乐团这两个共有的特色课程，相互交流经验，相互促进，就如何用行动教育擦亮金帆民乐团的牌子、如何将全学科阅读项目推进深层发展这两个问题作了深入探究。

例如，在金帆民乐团验收之前，实验二小音乐组的10位老师，在学校主任的带领下走进了万泉小学，与万泉小学的10位老师一起开展了关于“金帆民乐团复审”工作的交流活动。在交流会上，万泉小学的相关领导作了题为《以管理谋发展，靠理念求卓越》的办团经验介绍，描述了万泉乐团的发展历程，总结了乐团的成功经验，提出了乐团的长期目标，为实验二小“金帆民乐团复审”验收工作提供了丰富的经验。

再如，万泉小学的20位语文教师在学校领导的带领下参与了实验二小的“构建‘阅读+’课程体系，让全学科阅读深度发生——第五届小学绘本课程与教学研讨会”（见图5－14），该活动对“全学科阅读全在哪里？如何深入开展全学科阅读？”的相关问题作了深入探讨。在活动中，万泉小学的老师们通过观摩实验二小米媛媛老师执教的“《擦亮路牌的人》＋《画家、城镇和大海》整合阅读”的课，了解到在整合阅读策略下，实现让阅读的种子在学生心中落地生根和“学以致用”育人目标的方法。

图 5-14 研讨会活动

（图片提供者：昌平区第二实验小学 赵红艳）

二、搭建平台，打造品牌

（一）链接平台，名师引领教师成长

自实验二小和万泉小学"手拉手"以来，在万泉小学的引介下，第二实验小学和万泉小学一起加入了全国自主教育联盟。联盟"一月一位名师进课堂，一对一种子教师反思指导"的活动，让实验二小这个年轻的团队很快站在了"巨人"的肩膀上。例如，语文学科的"种子"教师米媛媛和刘蕾老师在全国自主教育联盟这个平台的助力下，很快成长为学科骨干教师。以米媛媛老师为例，她在 2019 年 6 月代表昌平区参加了北京市首届整本书课堂教学大赛，她讲授的《擦亮路牌的人》获得了优质课。2020 年 10 月，米媛媛老师把绘本课《傻鹅皮杜妮》带到了内蒙古自治区鄂尔多斯市，11 月带到了首都师范大学朝阳小学。在北京师范大学课程与教学研究院主办的"第五届小学绘本课

程与教学研讨会”中，实验二小作为分会场，由米媛媛老师展示了阅读课的课例。

（二）搭建舞台，让艺术之花精彩绽放

2019年6月18日，实验二小金帆民乐团携手万泉小学金帆民乐团在北京市第三十五中学金帆音乐厅举办了“回天有声之悠扬琴声——乐声奏响回天生活”迎接新中国成立70周年专场音乐会（见图5-15）。精彩纷呈的音乐会让两所学校的孩子充分地感受到民族音乐是中华民族的宝藏，让中国的传统文化在学生的内心扎根，让民族音乐之花在学生的内心绽放。

图5-15　专场音乐会

2019年7月13日，在华北电力大学礼堂，实验二小人在万泉戏剧社团的帮助下将自己的故事演成一部爱的教育大戏，与毕业生诉说离别，以现实的校园生活为题材讲述了一个真实的故事，献礼祖国。

（案例提供者：昌平区第二实验小学　赵红艳）

案例分析：

第一，城乡学校基于共有的课程内容，互相促进，效果显著。

昌平区实验二小和海淀区万泉小学都有金帆民乐团与阅读这两个特

色课程。在两校建立“手拉手”合作关系前，这两个课程已经是这两所学校的重要名片，它们的课程内容基本完善，课程结构基本清晰。

在两校建立“手拉手”合作关系后，两校基于阅读特色课程和金帆民乐团展开了深入的交流与协作，使得两校的阅读课程和金帆民乐团分别再上新台阶。在阅读课程建设上，万泉小学引荐实验二小加入了全国自主教育联盟，为实验二小阅读课程建设接入了高水平的平台。自主教育联盟的“一月一名师进课堂，一对一种子教师反思指导”的活动使得实验二小的阅读课程的设计与实施水平快速提升，课程建设成果逐渐在北京和内蒙古等地推广。万泉小学参加实验二小承办的第五届小学绘本课程与教学研讨会后，了解到了如何深入开展全学科阅读的方法，这对于万泉小学的阅读课程建设有重要的启发作用。在金帆民乐团建设上，万泉小学为实验二小“金帆民乐团复审”验收工作提供了丰富的经验支持。两校民乐团携手，在市级音乐会上演出，这不仅是乐团学生和教师重要的历练机会，也让两校的乐团进入了更大的平台。

良性循环的城乡中小学一体化发展关系是城乡学校各具特色，互相促进的。而不是城镇学校处于优势地位，乡村学校处于劣势地位；城镇学校输出资源，乡村学校被动地接受资源。只有城乡学校之间优势互补、共同进步，两者的发展关系才能可持续。目前，我国的城乡中小学一体化发展主要是在政策的推动下进行的，在匹配城乡“手拉手”学校的时候，可以适当考虑到两校是否有共性这个因素。

第二，在城乡中小学一体化发展项目开始前，城乡两校深入交流，发现共性与差异，意义较大。

在城乡中小学一体化发展项目具体实施前，为了让万泉小学充分了解实验二小的具体需求，实验二小首先做了细致入微的“学校自我诊断”，以结合学校发展需要，明确在项目中的需求。然后，在学期开学初，两校领导分别从学校管理、德育工作和教学工作三个方面解读本校学期内的总体规划与重点工作，从中发现共性，互相促进，找出发展劣势，取长补短。最后，实验二小基于学校总体规划和重点工作解读，与万泉小学一起确定了学期内“手拉手”项目的重点工作。

由此可见，在城乡中小学一体化发展项目开始前，两校领导深入交流的环节十分重要。城乡两所学校虽然在政策的推动下建立了互助协作的“手拉手”关系，但是它们并不了解对方学校。城镇学校不了解乡村学校现有的优势、劣势及迫切需求，乡村学校也不了解城镇学校的资源优势与劣势。这样两所学校很难“对话”，也很难建立真正的“手拉手”关系。这就像两个刚刚见面的朋友，只有深入交流后，才能发现彼此互补和可以合作的地方。同样，城乡“手拉手”的两所学校只有经过深入交流，互相了解，才能发现彼此的共性，相互碰撞，互相促进，取长补短，切实地满足发展需求。

第三节　提高教师队伍素质

教师队伍建设是城乡中小学一体化发展项目的重要内容之一。名师引领是城乡中小学一体化发展项目中提升乡村教师发展质量的重要方法之一。城乡中小学一体化发展后，乡村教师素质提升的路径增加了，具体包括加入名师工作室、与城镇学校优秀教师建立师徒结对关系、城乡教师交流轮岗、专家入校指导等多种方法。

一、加入名师工作室

名师工作室是在城乡中小学一体化发展项目中，城镇学校助力乡村学校提升教师队伍质量的重要方法之一。在城乡中小学一体化发展项目中，乡村学校的教师加入城镇学校名师工作室的方法有两种：一是乡村学校聘请名师作为指导专家，在乡村学校成立名师工作室，定期举行教育教学活动；二是乡村学校的教师直接参与城镇学校已有的名师工作室的活动。

名师工作室是城乡教师交流的重要平台，也是为乡村学校培养骨干教师的重要基地。名师工作室的主要活动内容包括课堂教学实践研究和教育教学理论研究。课堂教学实践研究包括研课、上课和磨课等。教育教学理论研究主要是基于课堂教学实践的课题研究，提升实践的理论化。在名师指引、交流共享、团队合作和资源互补下，名师工作室的成员多数已经成为学科骨干。名师工作室是乡村教师专业发展的助推器之一。

霍营中心小学——“和润致远”名师工作坊

北京市昌平区霍营中心小学与北京市西城区三里河第三小学（以下简称三里河三小）于2018年启动城乡学校一体化发展“手拉手”合作项目。为了更好地助力两校教师长远发展，经两校校长商议，霍营中心小学于2018年12月成立了“和润致远”名师工作坊，旨在借助项目优势实现互助双赢，推动和促进学校教师的专业发展和课堂教学质量的提升。

“和润致远”名师工作坊为语文、数学、英语三个学科聘请北京市特级教师作为工作坊指导专家。“和润致远”名师工作坊揭牌后，在学科专家指导下，工作坊基于校情制订了操作性强的学科教研活动工作计划，具体的活动形式包括开展校际同课异构、单元整体备课、联合教研活动等。

“和润致远”名师工作坊是霍营中心小学教学骨干教师的重要培养基地，目前其覆盖的学科和教师范围在逐渐扩大。工作坊成立第一年，霍营中心小学选出了语、数、英3个学科的9名骨干教师加入了“和润致远”名师工作坊。工作坊成员跟着专家一起研课、上课、磨课，每周撰写个人收获和学习反思。参加完工作坊的活动后，每位教师还需要撰写学习反思和收获。经过两年的培养，霍营中心小学这9名教师成长为学校以及区级的骨干教师，是学校学科教学的领军人物。“和润致远”名师工作坊成立第3年，学校重新选取了9名教师进入工作坊，目前这些教师也已成为教研组中的骨干力量。成立第5年，“和润致远”名师工作坊的成员已经由最初的核心骨干变为语、数、英3个学科的教师全员参与，参与的学科由最初的3个学科发展到音、体、美、科学、道法等8个学科，活动形式上也从最初的听评课逐渐发展成课题引领下的课堂教学研究活动。2023年年初，霍营中心与三里河三小又成立了班主任工作室项目，使两校的班主任工作也能够更上一层楼。

图5-16所示为三里河三小与霍营中心小学的英语学科联合教研活动。

图5-16　三里河三小与霍营中心小学的英语学科联合教研活动

（图片提供者：霍营中心小学　路娜）

“和润致远”名师工作坊是霍营中心小学与三里河三小共同交流和进步的重要平台。名师工作坊成立以来，两校教师与专家一起开展了线上、线下教研活动共170多次。自城乡中小学一体化发展的项目实施以来，两校依托项目聘请专家进校200多人次，共培训教师100余人次，校内组织各学科开展研究课、展示课100余节，两校的3000多名学生直接受益。在专家的指导下，数学学科拓宽思路、与时俱进，成功立项区级课题；英语学科先后立项了关于单元整体教学、读写教学以及英语作业设计的三项课题，三项课题环环相扣，紧密相连。其中，基于“小学英语特色课程的开发研究——以单元主题教学为例”的课题研发出了教师单元导读绘本9册、学生自制单元绘本10册，每学年供500多名学生使用。在专家的引领下，美术学科成立了霍小艺术专刊，道德与法治学科获得区级创先杯竞赛一等奖，数学教研组、英语教研组、美术教研组连续多次被评为区级优秀教研组。

图5－17所示为三里河三小与霍营中心小学的数学学科联合教研活动。

图5－17　三里河三小与霍营中心小学的数学学科联合教研活动

（图片提供者：霍营中心小学　路娜）

（案例提供者：霍营中心小学　路娜）

案例分析：

第一，城乡中小学一体化发展项目孵化的名师工作坊可以促进城乡学校共同发展。

在城乡中小学一体化发展项目的支持下，霍营中心小学成立的“和润致远”名师工作坊聘请了北京的优秀专家。“和润致远”名师工作坊不仅为霍营中心小学培养了大量学科骨干教师，而且三里河三小的教师可以参与工作坊组织的教师培训和教研，进一步促进了三里河三小教师的专业发展。

第二，名师工作坊可以助力乡村教师从实践型转成研究型教师。

“和润致远”名师工作坊成立之初主要是通过说课、磨课、观课、研课等方式促进教师提升课堂教学能力，重点在于提升教师的教学实践能力。随着教师教学实践能力的提升，“和润致远”名师工作坊开始转变活动方式，专家开始引领青年教师申请课题，让青年教师在课题的引领下开展教育教学研究，将实践成果在课题研究中提炼、升华。这有助于乡村教师从实践型转变成研究型，提升乡村教师的教学研究能力。

第三，成立名师工作坊可以成为乡村学校教研组建设的重要方法。

“和润致远”名师工作坊成立后，从最初覆盖三大学科，到经过 5 年的时间覆盖 8 个学科。在 5 年的实践里，霍营中心小学的教研组在专家的引领下逐渐发展出了各自的优势与特色。例如，英语学科的单元教学设计与绘本研发、美术学科的霍小艺术专刊等、数学学科的课题研究等。名师工作坊的活动不仅在理论层面拓展了乡村教师的思路，帮助乡村教师朝着教育发展的前沿方向前进，而且可以在实践层面帮助乡村教师解决发展中面临的具体问题，从而促进乡村学校教研组的特色化和专业化发展。

二、建立师徒结对关系

在城乡中小学一体化发展项目中，师徒结对活动是城镇学校助力乡村学校提升教师教育教学能力的重要方法。城乡两校的教师建立师徒结对关系后，师父将带领徒弟共同备课、相互听课、共同研讨教育教学问题，从而提升徒弟的教育教学能力。

以北京市第一六一中学回龙观学校（以下简称一六一回龙观）为例，为进一步提升学校的办学水平和青年教师的业务能力，在一六一回龙观和北京市第一六一中学（以下简称一六一总部）两校领导的协商下，两校教师建立了师徒结对关系。建立师徒关系后，一六一总部的师父将从日常教学、备课组建设、教育教学管理、科技社团建设等方面对一六一回龙观的相关徒弟进行指导，主要指导形式包括日常听评课、备课组集体教研、“学科备考策略”培训等。

图 5－18 所示为 2023 年的拜师交流活动。

图 5－18　2023 年的拜师交流活动

（图片提供者：北京市第一六一中学回龙观学校　王丽娟）

经过为期1年的交流，一六一回龙观的教师收获颇丰，下面是部分教学组的反馈。

在听课交流活动中，我们发现一六一总部的语文课是以学生为主体，让学生享受学习过程的课堂，充满人文色彩，语言优美，课程活动设计巧妙。这启发我们思考语文课如何把握学生学情，精准定位教学目标，合理制定针对性教学策略。在讲座交流中，总部教师的系列讲座启发我们在做教学设计时要立足于学生核心素养，注重情境性、实践性、综合性，要积极主动探索基于情境、问题导向、深度思维、高度参与的教学模式。

——一六一回龙观语文组

与一六一总部的观课、评课和集体备课活动加深了我校英语教师对单元整体教学与教材的理解，为教师们进一步把握课程标准、解读教材内容、提升课堂教学质量提供了较大帮助。在听课过程中，我校英语组教师认真学习授课教师的教学思路、板书设计，积极做好课堂的观察者。课例观摩后，我校英语组教师对优课进行了评课，交流教学方法，互通教学感悟。在研读教材过程中，一六一总部的优秀教师能够提取书本中的价值导向，并与学生的实际情况相结合，充分做到了由学生个体出发回归到学生，达到螺旋式上升的育人目的。我校英语教师在与一六一总部教师的学习交流中受益匪浅，将努力把学到的经验与方法融合到日常教学中，构建出更高效的课堂。

——一六一回龙观英语组

在与一六一总部的教师开展联合教研的过程中，我们更深刻地理解了“教学设计和课堂实施要坚持以学生为主体”的含义。在一六一总部优秀教师的带领下，我们的教学能力获得了较大提升。我们不仅学到了通过设计学生课堂活动、课后任务，来使学生积极参与课堂的方法，而且学到了通过学生展示与研讨来提升学生能力，落实学科核心素养的方法。今后我们会更加注重对课标的研读，注重理解教材编写意图，注重优化课堂教学设计，来落实学科核心素养。

——一六一回龙观道德与法治组

参加一六一总部地理组的集体备课活动后，在总部教师的带领下，我们每周都会通过说课活动讨论教学的重难点及对应的教学策略。这样，我们不仅提升了课堂教学的设计，而且使得课堂教学的节奏更紧凑了。

——一六一回龙观地理组

在一六一总部师父的引领下，我们开展了生物学科的教学案例分析和问题研讨活动。在研讨过程中，师父既注重理论指导，又关注教学实践，帮我们解决了教学中遇到的实际问题，增强了联合教研的针对性和实效性。

——一六一回龙观生物组

在一六一总校师父的引领下，我们不仅深入理解了化学学科复习的方法，借助化学方程式认识化学反应的方法，用问题引导学生分析化学反应中的有关问题的方法，而且学习到了有梯度地分析试题和利用试题形成模块化复习体系的方法。

——一六一回龙观化学组

三、城乡教师交流轮岗

城乡教师交流轮岗是在城乡中小学一体化发展项目中，城镇学校助力乡村学校教师队伍建设的方法之一。总的来说，城乡教师交流轮岗有三种形式。第一种形式是非调动关系的长期交流轮岗，即城镇学校的教师按照交流轮岗的相关政策要求，关系保留在原单位，到乡村学校任教一定期限后，返回原学校。目前，这种形式的交流轮岗的期限一般是1～3年。第二种形式是非调动关系的短期交流轮岗，包括城镇学校的教师到乡村学校短期连续的任教，也可以是城镇教师到乡村教师兼职性的任教。这种形式的交流轮岗期限一般少于1年。第三种形式是关系调动的交流轮岗，即城镇学校的教师在去乡村学校任教的同时，关系也跟着调动进入了乡村学校。

城镇学校的教师到乡村学校交流轮岗后，不仅为乡村学校带来了新的教学理念和教学方法，而且起到了重要的榜样作用。

集团化后，总校派来交流轮岗的教师构建的课堂以学生为主体，注重培养学生的创新思维和学科思想方法。在这样的课堂中，学生边思考边学，边应用边学，学生的学业能力进步很快。学校原来的老师看到总校老师的教学方法效果显著后，就跟着她学这种教学方法。总校的教师相当于给学校原来的老师树立了榜样，榜样的力量很强大，这让原来的老师看到了在新的教学理念的引领下，教师构建的以培养学生核心素养为目标的课堂虽然需要付出大量的时间和精力，但是效果十分显著。这样，更多的教师就愿意尝试新的课堂教学方式。

（C_1 反馈于2022年7月17日）

我们是一所新建的引入校，建校之初，总部派了优秀的学科教师到校轮岗，支持学科建设。总部派来的教师特别敬业、严谨、认真、有教育的热情和情怀。他们就是我们新教师的榜样，在耳濡目染下，我们的新教师也逐渐具备了这些特质。

（B_2 反馈于2022年6月30日）

北京市第一六一中学回龙观学校之总部优秀教师调入

自2016年开始，一六一回龙观招收了第一批学生，李娜老师作为一六一总部的教师，自2016年开始到一六一回龙观交流授课，后来关系也转入了一六一回龙观。作为总部调入的优秀数学教师，李娜老师积极推进一六一回龙观的数学教研组建设工作，注重培养青年教师。

作为教研组长，李娜老师不仅通过日常听评课，提升青年教师常态课的课堂质量，而且通过搭建公开课交流展示平台，指导青年教师设计优质公开课，提升青年教师的教学基本功。每次在听青年教师的常态课时，她都会认真记录上课流程、教学建议、学生情况等。课后，她会从教学环节设计、师生互动情况和学生落实情况等方面给青年教师提出宝贵的意见，有效地促进了青年教师的专业成长。为了提升数学组青年教师的基本功，李娜老师积极为组内教师争取区级公开课和说课展示活动，并帮助青年教师一起修改说课稿和教学设计。以数学组 2022 年 4 月的区级公开课展示活动为例，李娜老师辅助组内教师修改说课稿 5 次，试听课 16 节，不厌其烦地帮助青年教师修改教学内容，完善授课思路，设计板书。最终，数学组的公开课得到了教研员和学校各老师的一致好评。

作为备课组长，李娜老师还通过课堂教学示范和集体备课活动提升青年教师的备课能力。首先，李老师将自己的课堂对组内教师开放，允许组内教师随时推门听课。通过听李老师的课，青年教师不仅更容易把握教学重难点，领悟课堂组织方式，而且学习了李老师科学、严谨和热爱学生的精神。其次，李老师认真组织每次备课活动，在集体备课中，带领青年教师提前研讨好下一周的教学安排、教学重难点、教学重难点的突破方式，让组内青年教师备课时有的放矢。

作为师父，李娜老师用认真、严谨的态度感染了每位青年徒弟。师徒结对活动是一六一总部与一六一回龙观的传统，李娜老师作为师父，不仅在教育教学上给予青年教师业务指导与帮助，更重要的是其严谨的教育教学态度深深感染了每一位徒弟。例如，在学生作业设计上，李老师会逐一检查学习任务的难度和考查内容是否平衡，注重学生的落实情况。在做学生成绩分析时，李娜老师会认真、详细地分析每个班的优势和劣势，给出中肯的教学调整建议。在李老师的带领下，一六一回龙观数学组逐渐成长为一个认真、严谨的教学团队。

图 5 - 19 所示为李娜老师为青年教师做教学指导。

图 5 - 19　李娜老师为青年教师做教学指导

（图片提供者：北京市第一六一中学回龙观学校　李娜）

（案例提供者：北京市一六一中学回龙观学校　刘嵚）

案例分析：

第一，城镇教师长期的交流轮岗可以系统地助力乡村学校的学科建设。

上述案例中的李娜老师原本是一六一总部的教师，在一六一回龙观建立之初，李娜老师是作为总部优秀教师到一六一回龙观交流指导数学学科建设的。后来，李娜老师决定带着关系调入一六一回龙观。关系调入后，李娜老师从早期的短期交流轮岗变成了长期的任教。教师的成长是一个漫长的过程，学科建设也需要在系统的规划下，漫长、逐步地推进。长期任教的优势使李娜老师不仅可以从教研组层面做长期的规划，系统且逐步地推进数学组的建设，而且可以通过日常听评课、备课组活动等对青年教师进行潜移默化的教育。

第二，身边榜样的力量更能推动乡村教师自主成长。

上述案例中的李娜老师不仅通过听评课活动和备课组活动为青年教师初入教育行业指明方向，帮助青年教师顺利站上讲台、站稳讲台。同时，李娜老师认真严谨的工作态度、丰富的教育教学成果、热爱教育和热爱学生的情怀每天都在潜移默化地影响着青年教师，是青年教师的重要学习榜样。榜样，特别是身边的优秀榜样，可以有效引领青年教师的职业发展，激发青年教师自主成长的动力。

集团教师派入，促进教育教学提质增效

首都师范大学附属中学昌平学校（以下简称首师附昌平学校）是首都师大附中教育集团的成员校之一，也是北京市名校办分校的学校之一。在集团内的“学校发展督导团”和“学科发展指导团”的大力支持下，首师附昌平学校全体教职工扎实工作、开拓进取，得到了长足的发展。历经近10年的发展，在校学生数由200人增至1200余人，教职员工由32人增至124人，学校由初中校发展为完全中学。

首都师大附中教育集团把充分发挥教师的主导作用、促进教师的专业发展作为核心目标，为了助力首师附昌平学校打造出具有核心竞争力的教师队伍，集团根据首师附昌平学校的学科发展需求，指派优秀教师辅助首师附昌平学校设计培优课程，并根据实际学情优化课堂教学设计，每周入校上课指导。

课堂上，首师附昌平学校的学科教师同步听课，学习总校优秀教师课堂教学设计的方法。课后，首师附昌平学校的教师及时与本部教师研讨和交流教育教学方法及困惑。这为首师附昌平学校教师的教育教学能

力的发展提供了有力的支撑。

截至2023年，集团共派入优秀教师32人，覆盖全部中高考学科，总校教师入校上课的学期课时总量达170个，真正做到了优质资源共享，优质课送课到校，让昌平的学生在家门口就可以享受到优质师资和学习资源。

在集团的助力和学校自身的努力下，首师附昌平学校的教育教学质量稳步提升，在市区及首都师大附中教育集团督导中均获得较高评价，连续6年荣获昌平区教学质量监控与评价优质学校。学生综合素养得到提升，也得到了家长和社会的高度认可。

（案例提供者：首都师范大学附属中学昌平学校　张晓丽）

案例分析：

第一，城镇教师的短期交流可以助力乡村学校提升学科建设的某些方面。

首师大附中教育集团结合首师附昌平学校的校情和实际需求，定期派总部的优秀教师到首师附昌平学校入校上课，助力首师附昌平学校设计与实施培优课程。集团总校的教师到首师附昌平学校上课是短期的入校交流与指导。虽然未对首师附昌平学校的学科建设做长期、系统的规划与指导，但是由于其入校指导的目标明确——“设计与实施培优课程”，因而可以将有限的精力与时间聚焦到“培优”这一件事情上，从而有效地助力首师附昌平学校的学科培优建设。由此可见，在明确的目标指引和系统的规划下，城镇教师到乡村学校短期的交流轮岗活动可以聚焦乡村学校学科建设的某些方面，助力乡村学校学科建设的发展。对于有一定学科建设基础的学校而言，这是提升学科建设的有效方法之一。

第二，在城乡教师交流轮岗制度下，乡村学校需要明确自身发展的目标与需求，增强城镇教师入校交流活动的内生性。

城乡教师交流轮岗是在城乡中小学一体化发展背景下，优化城乡教育资源配置的重要方法。城镇教师到乡村学校的交流无论是不足 1 年的短期交流，还是 1 ~3 年的长期交流，都需要乡村学校提前明确自身发展的需求，做好城镇教师入校交流后的重点工作规划。正如上述案例中的首师附昌平学校，在集团总校教师入校之前，就明确了自身的需求——“需要总校教师辅助设计与实施培优课程”，做好了总校教师入校的重点工作规划——“结合学情设计与实施培优课程，帮助首师附昌平学校教师做培优课程的答疑解惑”，明确了首师附昌平学校教师在总校教师入校上课后的工作重点——“通过听评课和反思交流活动，提升基于学情设计培优课程的能力”。可见，首师附昌平学校对集团总校教师入校交流活动做了系统的规划，这样集团总校教师虽是入校短期交流，但是却有效地帮助首师附昌平学校提升了学科培优课程的设计与实施能力。更重要的是，在系统的规划后，集团总校教师入校交流活动是有内生性的，首师附昌平学校的教师经过观摩总校教师的示范课，研讨交流教学反思后，提升了自身培优课程的设计与实施能力，使得学科培优课程可以在学校落地生根。

四、专家入校指导

在城乡中小学一体化发展项目中，专家入校指导是教师队伍建设的重要方法之一。这里所说的专家指的是城镇的优秀教师、教研员、研究员等。他们依据乡村学校的需求，主要帮助乡村学校跟踪诊断常态课，指导提升公开课、比赛课，提升青年教师研读课标、分析学情、把握学科重难点和学科思想方法、设计学生活动与作业、开展教学研究等方面的能力。专家一般会与学校订好计划，根据学校教师发展的需求定期入校指导，指导形式包括听评课、专题讲座、案例分析等，一般以教研组为单位开展。

专家入校指导可以弥补乡村学校缺乏骨干教师引领学科发展的不足。教研组的教研能力是影响学科教学质量的重要因素。乡村学校在面临教研组缺乏高素质骨干教师引领这一问题的时候，专家入校指导是解决问题的有效方法之一。专家自身对学科教学有较深的研究与见解，能准确把握学科教学的趋势和方向，将符合教育发展方向的教学理念、教学方法和教学设计带入乡村学校，解决乡村教师发展中面临的问题与困惑，给予青年教师成长有效的指导，帮助乡村教师快速成长。

以一六一回龙观为例，其语文组的专家平均每学期来校指导 8 次左右，主要指导内容有两项。一是跟踪诊断常态课，提升常态课质量。专家进校园后会听评常态课，包括阅读新授课、写作指导课、专题复习课、试卷讲评课等课型。专家一方面会结合具体教学设计、授课内容和学生课堂表现及反馈等，给予青年教师教学策略改进和课堂结构提升的建议。另一方面会根据不同课型的特点及授课教师的情况，分别给予相应指导。例如在指导阅读新授课的时候，专家会强调教师在课堂设计的时候要侧重教学内容的整合、教材内容的理解、单元教学内容的整体安排。二是公开课、比赛课精细化指导，以赛促教。在青年教师参加公开课、比赛课准备的过程中，专家会从新课标出发，关注课程设计的创新性、学生活动设计的思维性、单元整体设计各课时之间的内在逻辑关联性等方面，指导青年教师反复修改教学设计，挖掘完善创新点。下面便是部分教学组的反馈。

总的来说，在专家的指导下，语文组的教师获得了较快的成长。教师们的教学观从关注教师的“教”转变到关注学生的“学”。语文组的教师逐渐具备了融合语文学科多种素养设计学生活动的能力。语文教师的教学设计越来越关注引导学生的“学”，教学策略更多样，课堂教学评价也更关注促进学生“学”的方法。

——一六一回龙观语文组

我们数学组的专家把解题教学作为提高组内青年教师专业水平的一个突破口。通过听评常态课，专家引导组内教师在课堂教学中注重设计前后相扣的问题链，设计相互关联的数学题目，讲清楚问题的本质和知识间的联系，总结规律和方法，提高学生解决实际问题的能力。

专家会利用案例分析、讲座和示范指导的方式，指导数学组教师提高初三复习课时效性的方法、注重学生思维训练的方法、研究课标和教材的方法。在专家的指导下，数学组的教师在教学设计过程中越来越关注学生的主体地位，注重探究多样化的教学方法、学生思维能力和应用能力提升的方法。

——一六一回龙观数学组

我们历史组的专家在常态课的听评课过程中主要从设计教学目标的精准性、可操作性，教学内容的系统化、结构化，教学案例的核心价值和德育教育等几个方面提升青年教师的专业能力。在专家的指导下，历史组的教师有两个方面的显著提升，一是设计的教学目标更贴合课标要求，契合学情，更具有操作性和可检测性；二是课堂教学环节更有结构，层层递进，与“一课一中心”“一课一主题”深度融合。

——一六一回龙观历史组

我们地理组的专家一是通过微型讲座加课例学习的方式，呼吁青年教师把握教改带来的机遇和挑战，注重培养学生学科核心素养，助力青年教师更新教学观念，提升课标研读、课堂教学设计和重难点把握能力。二是通过公开课、比赛课的精细化指导，以赛促教，提升青年教师的地理实践能力。在组织组内公开课课例的说课和评课活动中，专家引领组内教师讨论单元教学设计和教学方式改进的方法，使高中地理课堂结构化、情境化、生活化。通过组织公开课的课例研讨，专家引领全组掀起了学习研讨单元教学整体设计的新热潮，就如何撰写单元教学的指导思想和理论依据，教学内容分析和教材内容分析、单元教学目标和课时教学目标、单元基本问题和核心问题的区别何在，掌握单元学生学情的方法是什么，如何撰写教学设计思路、单元教学设计特色说明与教学反思，怎么整合学习内容、开展教学评价等问题进行了深入的探讨。三是在专家引领下通过设计“跨学科地球日主题读书节”活动，丰富了组内青年教师学生活动设计的思路和灵感，提升了青年教师对学科思想和思维方法的把握能力。在专家的启发和引导下，组内青年教师首次成功设计了三个年级学生参加的“读天下好书，想中国大事——地球日主题读书节”活动方案。专家在读书节学生活动方案设计的过程中从活动准备的思路方法、活动方案撰写的方法、活动实施的建议等方面给予了具体的指导和有效的建议。地理教研组的教师在这次地球日活动中学科思维活跃，工作热情高涨。地理组教师学会了组内分工配合、组外通力合作的方法，学会了了解学生需求，设计学生活动和多样化作业的方法，学会了一切为了学生的终身发展和“五育”并举开展跨学科综合实践活动的方法。

在专家的指导下，地理组的教师获得了显著的成长。在教学实践上，专家指导提升了组内教师依据课标和学情进行单元整体教学设计的能力，提升了把握学科思想和思维方法的能力，提升了作业设计的能力。在教学理论方面，组内教师更注重培养学生学科核心素养，更具备学生活动设计的思路和灵感，更具有科研意识和学科研究能力。

——161 回龙观地理组

值得一提的是，专家入校指导的效果与乡村学校教师自身的主动性密切相关。这种主动性不仅包括教师主动与专家建立联系，而且包括教师自发的思考和职业规划的主动性。例如，北京市昌平区大东流中学的宗厉老师就是一位对研究和开发学生综合实践活动充满兴趣、干劲并且有研究能力的老师，综合实践活动的开发是宗厉老师职业生涯规划中的重要内容之一，因而宗老师会抓住一切机会思考如何开发出促进学生能力提升的综合实践活动。例如在昌平区教师进修学校组织生物、化学等自然学科教师到中国科学院相关院所进修参观学习中，宗厉老师发现培训中有测量自带水样中重金属含量的环节，于是就组织学生对大东流地区的主要河流进行水样采集，然后利用中国科学院地理所的仪器进行检测并得到相关数据，回到学校后引导学生对数据进行分析，并指导学生完成研究报告。

在专家入校指导前，宗老师凭借自身的干劲和钻研劲头已经开发出了系列综合实践活动，积累了综合实践活动开发与实施的丰富经验。专家入校后，宗老师主动把自己的综合实践活动成果与专家交流，专家对宗老师带领学生做的一个个研究项目充满兴趣，被宗老师的干劲和研究能力打动，于是专家每次入校都会为宗老师的项目出谋划策，从专业的角度提升项目的层次。例如宗老师在研究如何基于大东流中学乡村校的特点开发植物种植的综合实践活动课时，专家担任了种植指导师，对师生进行了一对一指导。在专家的指导下，宗老师完成了“制作我的蘑菇小屋”系列课程，学生通过对影响蘑菇生长的因素进行分析，设计制作了适合蘑菇生长的培养箱。学生利用该项目的成果参加了北京市中学生农业体验实践活动，最终 1 名学生获一等奖，7 名学生获二等奖，10 名学生获三等奖。

由此可见，专家入校指导的主要作用是基于教师的现有想法和成果锦上添花，但是，很难做到帮助教师从无到有地产出成果，为了提升专家的指导效果，教师自身需要有自己的思考和尝试。

五、联合教研，联合培训

联合教研是城镇学校助力乡村学校提高教师队伍素质常用的方法之一，主要形式有听课、评课、磨课和主题研讨等。以集团化办学为例，昌平区第二中学教育集团一方面积极搭建了各校区同学段的联合教研活动，2019 年 12 月至 2020 年 5 月，政府街校区、西环路校区与回龙观校区的初中三个年级通过公开课、专题研讨等多种形式开展了常态化的联合教研活动。另一方面，注重专题研讨，2019 年 12 月开展了“小初衔接联合教研”活动，回龙观校区的教师与实验二小校区六年级的教师一起听课、研讨，帮助集团内教师深化了对小初衔接的认识。新冠疫情期间还以“疫情期间的互联网教学研讨”为题举行了远程教研活动，探讨了提升线上教学效率的方法等。首都师范大学附属回龙观育新学校根据教育集团各校区各学科、各学段的特点和各学科教研组、年级组工作的需要，积极、主动开展跨校区联合教研，共同集体备课、听评课，特别是初三中考联合教研的顺利实施为集团其他学科、其他学段开展联合教研提供了很好的经验和做法。

在“手拉手”的城乡中小学一体化发展形式中，联合教研也是重要的内容之一。以昌平区第二实验小学为例，该校通过与城镇学校的联合教研，充分借助了城镇学校的优质资源，助力了自身发展。数学组教师在参加“手拉手”学校组织的“基于问题解决，发展学生的应用意识”的教学研究活动中，通过听课、评课活动，深入学习了“教师结合学生实际问题设计情境，让学生经历解决问题的全过程，并利用开放性问题，为不同层次的学生提供选择的机会”这一教学方法。两校语文组在开展的联合教研活动中主要探究了低年级识字课，中年级记叙文、说明文，高年级的叙事散文等多种课型的教学方法，老师们通过交流，更深入地理解了备学情、备单元重点、注重语文知识点与学生生活的关联是备好一节课的关键。

联合培训主要指的是由城镇学校主导搭建培训的平台，规划培训的内容，邀请培训专家，组织培训活动，乡村学校参与培训，提升教师和干部的业务能力和水平。这一方面有助于提升乡村学校教师培训的能力和水平；另一方面也是城乡学校交流学习的重要平台，可以深化城乡学校间联系的深度和广度。

以集团化办学为例，在教师培训方面，首都师范大学回龙观育新学校教育集团自2020年2月启动了卓越教师培训工程，目的是通过系列培训，帮助集团教师高效完成职初教师—成长教师—优秀教师—卓越教师的成长过程。该培训项目包括启航工程、领航工程和远航工程三个模块。启航工程的目标是帮助集团内教师实现从职初教师到成长教师的成长进阶，领航工程是实现成长教师到优秀教师的成长进阶，远航工程是实现优秀教师到卓越教师的成长进阶，最终目标是要培养一支重人品、喜敬业、塑能力、崇成果的面向未来的专业教师团队，服务学生成长，服务教育发展。在家校共育上，首都师范大学回龙观育新学校教育集团在集团内推进家长学校共建共享，引进"专家课堂"，面向教育集团学生、家长开展系列培训，家校共育，助力发展。

（案例提供者：首都师范大学附属回龙观学校　王强）

联合培训也是"手拉手"形式的城乡中小学一体化发展项目的重要内容之一。以一六一回龙观为例，为进一步促进"双减"政策和新课标理念的落实，加强西城区和昌平区两区教师关于新课标引领下学科核心素养落实的深度对话，实现各学校教学共研、资源共享、课堂共改、质量共提，2023年4月8日，一六一回龙观与一六一总部、小汤山中学、大东流中学、黑山寨学校开展五校联合研讨与培训活动。活动主题为"基于核心素养与'双减'政策视域下的学业水平考试备考策略研讨"，包含德育管理、学科教研、干部管理等多领域，涵盖语文、数学、英语、历史、道德与法治、物理、化学、生物8个学科。此次活动共有五校领导、专家、教师140余人参加。

此次活动的第一个主题是毕业年级德育管理讲座。为此，一六一回龙观的德育主任杨轶带来了一场颇具智慧的德育主题讲座——"聚能助力——初三德育管理的一点思考"。杨轶主任表明，因材施教，从了解学生的需要开始。教育"问题学生"从了解"学生问题"开始，她引用个体心理学先驱阿德勒的代表作《自卑与超越》中的理论，阐明何为所谓“问题儿童”，用鲜活的个案分析了问题背后的原因及处理方法。在现场交流环节，针对班级管理问题，老师们踊跃提问，杨轶主任的回答深刻而睿智，精妙而有见地，给班主任的德育工作指点迷津，引起在场老师们的强烈共鸣。

第二个主题是教师队伍建设。参与本次活动的五个学校的校领导干部在分会场展开研讨，一六一总部的教学副校长刘裕为五校干部分享主题为“青年教师滋培工程”的专题讲座。刘裕校长从基于文化引领的师德培训、基于综合素质提升的通识培训、基于专业水平的通识培训等方面系统介绍了学校的青年教师培训经验，指出青年教师的培养对学校未来的发展具有重要的战略意义。刘裕校长的讲座既有高屋建瓴的指导又有深入浅出的案例分析，为五校教师队伍建设开拓了思路，指明了方向。

第三个主题是“基于核心素养与‘双减’政策视域下的学业水平考试备考策略”培训。一六一回龙观邀请了一六一总部各学科的骨干教师担任主讲人。各学科分会场的教师就本学科核心素养、学业水平考试备考策略、教学重难点等问题展开了多元对话，进行了深入交流。例如，语文分会场结合开展的大单元教学案例，对如何落实语文核心素养进行了很好的诠释，结合具体题目对语文学业水平考试中所考查的知识点进行精细讲解，并重点提出要把“课标”要求作为复习指导，提醒老师们反思：在常规教学中存在哪些容易忽视的要点？以明确今后的教学和备考方向。参与培训的语文教师表示，“本次讲座立足于学生的核心素养，展现的教学设计注重情境性、实践性、综合性，探索了基于情境、问题导向、深度思维、高度参与的教学模式。为语文学科中考备考指明了方向的同时，厘清了复习的思路，收益非常大”。

数学分会场从中考试卷分析和复习思路两个方面展开讨论，讲座强调要加强涉及重点知识形成过程的题目的讲解和设计，上好试卷讲评课，关注学生参与、学生错因分析、生长性问题串等问题。大家畅所欲言，就教学中的难点进行交流沟通，共同进步。参与培训的数学组教师表示，“参与本次培训后收获颇多，对2022年中考试题的分析、阐述，使我认识到中考复习一定要回归教材，研读课本注重培养学生的数学思维，对于数学的教学要重体系，核心内容和问题要重落实，对于综合题细化成由浅入深的小问题，帮助学生剖析问题。我也学到要对题目进行变式来启发学生更多地思考，同时有序整合同类、异类题，优化题目和解题思路，培养学生选择最优解的能力”。

英语分会场以“发展学生核心素养为导向的初中学业水平考试备考策略”为主题进行了精彩的讲座。讲座从2022年英语考试题分析入手，结合教学实践，为老师们提供了词汇、阅读、写作三个方面的备考策略。此后，老师们就教学中的实际问题，如初高衔接、长难句教学、新题型备考等方面进行深入探讨，现场气氛热烈。参加培训的英语组教师表示，“本次讲座使我学习到了在初三复习阶段，不仅要引导学生理解语篇表面意义、学习语言知识，而且要对语篇内在思想和灵魂进行挖掘，鼓励学生进行开放性思考。另外，在进行写作复习时，要回归课本话题，深挖教材语言，通过词块梳理、单句练笔等方式为学生提供充分的语言训练，真正促进学生写作能力的提升”。

六、优课入校，引领教研

优课入校活动中的优课可以是帮助乡村学生突破重难点的主题课，也可以是体现课改精神，注重学生核心素养培养的示范课。前者有助于深化乡村学校师生对重难点的认识和理解，后者有助于启发乡村教师构建高效的课堂。特别是对于学科教师人数少、校内教研困难的学校，优课入校活动是助力乡村学校学科教研发展、搭建城乡学校教师交流学习的良好平台。

以北京市昌平区大东流中学为例，大东流中学是一所位于昌平区东部的乡村初中小规模学校，生源主体为镇属内 11 个行政村的孩子，学校共有 6 个教学班，班额为 25 人。学校共有教师 32 人，其中专任教师 19 人，每个学科平均教师人数是 1～3 人。单人单科任教导致学科教研开展比较困难，因而大东流中学积极借助城乡中小学“手拉手”项目平台，邀请优秀专家和教师入校授课，交流指导，以提升学校教师的教研能力。

例如物理学科专家入校作了题为“与电子秤相关的浮力问题”的专题指导，从“（溢水杯、水、物）无外力”和“（溢水杯、水、物）有外力”两个类型深入浅出地讲解了电子秤类型的浮力问题，方法总结和学法指导精准到位，也使学生们对这一类型问题有了系统的解决思路。化学专家针对学生第二次模拟考试，入校作了题为“以化学特有的思维方式解决问题”的专题复习，从化学思维方式、对比实验、证明无现象反应发生、如何进行理由叙述四个方面，结合北京市各区模拟练习，从命题方向、出题形式、复习建议等角度，深入浅出地给学生做了详细的分析，使得学生的化学解题能力和分析能力得到了进一步的提升。数学学科专家为初三学生讲解了代数综合题，对北京市各区模拟题中的典型问题进行了讲解，使得学生对代数综合题有了进一步的认识和理解。生物学科专家为初二年级全体学生讲授了题为“找方法，寻规律，学好生物学”的专题课，利用找寻不同生物的共同点进行导入，引出生物体的结构层次相关知识的复习，并在此基础上，用深入浅出的语言、生动翔实的案例将初中生物学全部知识贯穿到情境中，在讲练结合中，帮助学生夯实基础，提升知识运用能力。

在优课入校的活动中，大东流中学学科教师收获颇丰。例如历史组教师表示，“学科专家的学识渊博、思想开放，课堂充满感染力！优秀的示范课和专题课让我对新课标以及历史学科教学有了更深入的理解和思考，帮助我更准确地把握了历史学科的主要教学内容和重难点，让我学到了新的教学手段和方法”。物理组教师表示，“物理学科的指导专家的微讲座《一节好课的标准》，让我认识到教师课堂定位的重要性。优秀课例《凸透镜的成像规律》，让我学习到了新课标下物理实验教学的策略。经过专家一学期全方位的指导，我在新课标下实验课的开展方法和跨学科论文撰写的方法等方面都有所收获，我将尝试将所学内容应用到教育教学研究中”。

总的来说，依托大东流中学与昌平二中南校区“手拉手”的项目，大东流中学教师的教科研能力均获得了一定程度的提升。在教师发展上，历史、地理、道德与法治三个学科联合成功申请到了北京市教育学会课题《新课程视域下乡村初中校跨学科项目式校本教研实践研究》。7 名教师的课堂教学设计在昌平区开展的中学全员教师“创先杯”课堂教学三级展示活动中被推向融合学区，3 名教师的课被推向昌平区。在学生发展上，多名学生在昌平区艺术节上获得金奖、银奖；在 2022 年“昌平区中小学生金鹏科技论坛”活动中，共 18 名学生获奖；在 2022 年北京市中小学生环境教育系列活动中，共 20 名同学获奖。

尽管优课入校活动可以促进学校教科研的发展，但是也存在一些问题，例如它会打乱原有的教学计划；存在学生不适应教师的教学风格和教学方式的现象；在专家间或性的示范指导下，教师的内生性减弱等。因而在具体实施的过程中需要结合本校实际，做好可能出现的问题及解决问题方法的预案，例如可以采用分层教学的方式解决学生不适应专家教学方式的问题，采用学期初做好充分规划的方式，解决专家入校打乱课堂节奏的问题，等等。

（案例提供者：北京市昌平区大东流中学　李欣桐）

第四节　城乡学校课题共研

城乡学校之间组建课题研究团队，开展课题研究及成果共享，就目前而言还不是城乡中小学一体化发展项目的主要内容，因为基础教育阶段的科研对其中一部分教师来说有难度，但是一些学校在城乡中小学一体化发展项目中已经逐渐开始做城乡学校课题共研的探究。虽然这些研究尚不成熟、系统，但是因为基础教育阶段的课题研究是对实践成果的高度提炼和凝结，因而对学校教育教学的发展仍有一定的引领作用，也是未来的发展方向之一。

在城乡中小学一体化发展的背景下，城乡学校课题共研不仅有利于提升课题研究的深度，而且有利于学校教育教学发展。一方面，城乡学校的教师、学情的差异化为课题研究提供了多元的样本和实践案例，有利于提升课题研究成果的层次性和可推广性；另一方面，城乡学校的教师共同参与课题研究，以课题为纽带，提升了城乡学校合作交流的深度和广度，同时，课题研究成果可以反哺学校的教育教学，提升学校的发展质量。

一、擘画学校发展蓝图

以一六一总部和一六一回龙观为例，两所学校鼓励教师利用城乡中小学一体化发展的平台，开展城乡学校共研的课题研究，目前，以科研引领学校发展、课程建设、教研组建设、作业设计等已初见成效。

一六一总部和一六一回龙观开展城乡学校课题共研

一六一回龙观始终坚持以习近平新时代中国特色社会主义思想为指导，认真学习贯彻党的二十大精神，以“办好人民满意的教育”为目标，着力解决京藏高速以西，西三旗以北，海淀、昌平、朝阳三区交界处这一主要大型居住区内，年轻职业家庭、西城定向安置房居民和周边乡村家庭日益增长的对更好教育的需求与教育发展不平衡不充分之间的矛盾。

为了促进学校教育高质量发展，提升学生发展质量，一六一回龙观依托本校教育部青年课题“城乡中小学一体化发展对乡村学生发展质量提升的影响研究”，通过问卷和访谈的研究方法，以昌平区14所城乡中小学一体化发展的项目校为研究对象，深入探究了以“城乡中小学校一体化发展”项目为平台，提升学生发展质量的方法与策略，将研究结论与本校学校发展阶段及学情相结合，致力于全面、扎实地推进学校管理、课程建设、德育管理、师资队伍建设的改革和研究，努力培养德、智、体、美、劳全面发展的社会主义建设者和接班人。

一、培训学习，提升干部管理能力

一六一回龙观派遣青年骨干干部教师到一六一总部进行教育教学管理等全方位的跟岗学习，通过在真实的现场环境中与名校近距离接触，细致观察名校的日常管理行为及主要工作，掌握学校管理的基本理论和基本技能，优化思维方式，明晰管理流程，提升个人管理素养；总部骨干教师及一六一回龙观骨干教师开展学校文化引领下的基于核心素养的主题培训及研讨，提高教师专业能力和教学水平；联合昌平区小汤山中学、昌平区大东流中学、昌平区黑山寨学校及首师大附属回龙观育新教育集团华电附中打造“培训赋能——五校领导干部培训学习班”，将学校管理理论和实践紧密结合，以管理基础理论知识引领管理实践，关注“事上练”，将研修与工作相结合，通过任务驱动、现场诊断、主题研讨、展示交流等方式，引领每一名中层干部在学习中深度参与，全面提升干部管理能力。

如图5－20为2016年一六一回龙观的干部和教师赴总部交流学习。

图5－20　2016年一六一回龙观的干部和教师赴总部交流学习

（图片提供者：北京市第一六一中学回龙观学校　王丽娟）

二、立足校园文化，助力课程多元化发展

秉承先进的教育理念，充分结合区域特点，围绕学校“培养具有慎独品质的弘毅之士”文化核心理念，一六一回龙观建立了“三圈一体”的“君子”课程结构，涵盖四大领域，分别是人文与品德、科技与创新、生活与艺术、习惯与健康，突出“人文＋科技”的办学特色。在校外专家引入，高校协同育人方面，一六一回龙观积极引进高校专家团队建立丰富多元的拓展课程，例如人工智能社团借助北京理工大学团队资源，信息学编程借助哈尔滨工业大学团队资源，创客社团聘请北京理工大学团队指导，话剧社有北京人民艺术剧院、中央戏剧学院专家指导，更有中国人民解放军军乐团原指挥指导行进打击乐社团参加多项国

际赛事。在科研引领，助力课程多元化发展方面，学校依托《基于学校文化背景下的学科育人实践研究》的课题，在市区级专家指导下，学校九大学科把学校文化、宏观育人目标、学科育人目标和课堂教学目标有机结合，制订本学科育人目标实施方案，陆续开展“吟赏风雅以敬中华”“从黛玉葬花痴吟，看红楼女儿悲情”“挟子一去九州外，春秋狼烟入局来”等语文学科“开讲啦”系列活动，师生积极互动，引导学生品味语文之美；开展“解读数学，解说宇宙”“血型中的数学”“最后的晚餐”等“解语者”系列活动，引导学生思考生活中的数学，用数学的眼光去观察世界；开展围绕“两弹一星”“一二·九”“国家公祭日”等主题讲述历史的“六人讲堂讲历史”系列活动，教育引导学生学史明志，知史励行。

图5－21为一六一回龙观语文学科开展的“开讲啦”系列活动部分展示。

(a)

(b)

(c)

(b)

图5－21　一六一回龙观语文学科开展的“开讲啦”系列活动部分展示

三、以德树人，关注学生全面成长

一六一回龙观邀请了北京师范大学专家团队开展全体教师学习能力提升及班主任德育教育培训，对教师的职业生涯规划进行指导，同时关注德育教育，助力全体教师落实立德树人；开展与北京师范大学合作的班主任德育教育培训项目，特邀请朱洪秋老师针对一六一回龙观的实际情况设计“新德育”系列培训项目课程；定期与一六一总部开展德育交流，由总部德育主任指导一六一回龙观的毕业年级德育管理，带来《聚能助力——初三德育管理的一点思考》主题讲座，给班主任的德育工作指点迷津。在以劳育德方面，立足学校育人目标和校园文化，依照课程标准，依据不同学生的发展阶段，在市区级专家的指导下，积极研发学校“特色校本劳动课程”，包括花卉植物种植类课程、校园农耕课程、整理与收纳课程、地方特色烹饪课程以及志愿服务类课程等；将劳动教育专业课程融入思政课程，形成“劳动＋”系列融合课程，积极与家庭和社区紧密合作，构建“家庭—学校—社区”一体化劳动教育环境，围绕以劳育德、以德树人，帮助学生在劳动中培养和感悟道德意识、责任意识、集体意识和创造意识。此外，为了更好地把班级工作与学校德育工作落到实处，促进班集体的凝聚力，提升班主任老师的带班方略，培养学生慎独品质，树立自信自强的优秀品质，增强使命感、责任感，实现自我价值，一六一回龙观邀请市区级专家做评委，定期举办“潜心立德树人，共育弘毅之士”的主题班会评比活动。

图5－22和图5－23分别展示了一六一回龙观的学生在窗边种植的植物与在校园农耕。

图5－22　一六一回龙观的学生在窗边种植的植物

（图片提供者：北京市第一六一中学回龙观学校　段小彤）

图 5－23　一六一回龙观的学生在校园农耕

（图片提供者：北京市第一六一中学回龙观学校　段小彤）

四、聚焦课堂，促进教师专业发展

一六一回龙观依托与一六一总部“手拉手”的合作项目，开展听评课、“学考中考备考策略”培训、采用师徒结对及备课组集体教研相结合的方式，关注课堂实效，进一步提高课堂教学水平和教学质量。在名师入园，引领成长方面，一六一回龙观每年邀请北京市内名校名师定期入校，引领青年教师成长，提升青年教师课堂质量；建立健全优秀教师发展平台培养机制，鼓励学校教师参加名师工作室，在名师和市区级教研员的引领下，稳扎稳打，潜心教研，提升专业素养。在以赛促研，赋能成长方面，开展新任教师课堂教学微格展示活动，以微格教案、说课、微格展示作为主要考察内容，并采用教师自评和市内名师专家点评相结合的方式进行评价，促进课堂教学提质增效。

（案例提供者：北京市第一六一中学回龙观学校　王丽娟）

二、引领教研组建设

下面以一六一回龙观牵头，昌平区小汤山中学、大东流中学参与研究的课题《“双减”背景下初中语文名著阅读单元整体设计的实践研究》为例进行介绍。

三校合作，共同参与课题研究

为了提升学生的阅读质量和语文核心素养，充分发挥统编教材中名著阅读部分的育人功能，真正达到减负增效的作用，更好地落实立德树人根本任务，一六一回龙观语文组教研组长李明老师牵头申报了《“双减”背景下初中语文名著阅读单元整体设计的实践研究》这一课题。课题立项成功后，一六一回龙观与小汤山中学建立了“手拉手”的城乡中小学一体化发展关系，与大东流中学建立了合作发展关系，于是由一六一回龙观语文组牵头，小汤山中学和大东流中学共同参与了该课题的研究。

课题的主要研究目标有三点：一是在“双减”背景下，以学科大概念、大任务、大情景为核心，以主题为引领，对初中语文必读名著进行单元整体设计，探析通过单元整体设计的途径促进初中名著整本书阅读提质增效的方法；二是让学生在名著阅读单元整体设计的引领下，能够在有限的时间内使阅读效率最大化，形成独特的阅读方法和阅读体验，从而提升语文核心素养；三是提高教师以学科大概念、大任务、大情景为核心，以主题为引领，对初中语文名著阅读的单元整体设计的能力，形成学校“双减”背景下语文学科名著阅读的特色课程。

因此，在课题目标的引领下，一六一回龙观语文组牵头，设计了以学科大概念、大任务、大情景为核心，以主题为引领的初中语文名著阅读单元整体教学设计、作业设计、活动设计的方案，并基于课题方案设计开展了研究课、学生综合实践活动等。小汤山中学、大东流中学在与一六一回龙观建立了城乡中小学一体化发展和合作发展关系后，多次到校观摩了一六一回龙观的名著阅读研究课和学生综合实践活动，并在与一六一回龙观充分交流学习后，在各自的学校开始尝试推广该课程。

在城乡中小学一体化发展项目的框架内，三所学校的语文教研组基于《“双减”背景下初中语文名著阅读单元整体设计的实践研究》这一课题，从公开课观摩、课堂教学设计研究到学生综合实践活动的实施与反馈，共研共促。这具有以下作用：一是增加了三所学校交流学习、成果共享的机会，将城乡中小学一体化发展做到实处。二是赋能了各校的教研组建设，深化了三所学校教研组交流讨论的内容。以语文组为例，三所学校的语文组教研和交流活动可以围绕课题展开，在教研和交流活动中会紧紧围绕应该设计怎样的阅读工具帮助学生进行整本书阅读，如何进行名著阅读的单元整体设计，如何在课堂上实践语文名著阅读单元整体设计，应该设计什么样的活动以便交流和分享学生的阅读与学习成果等连续、系统的问题展开。在课题的引领下，每一次教研活动目标明确、问题清晰，教研的深度和广度提升较大，使得教研组的教研有内容、有主线、有目标，改变了过去零散、就课例讨论课例的状态。三是有助于课题成果的推广和修正。教育教学中的实践研究是一线教师主要的研究内容，城乡学校共同参与课题研究，提供了实践成果推广和修正的机会，有利于及时修正和提升课题研究成果，提高课题研究成果的可行性与可推广性。

图 5－24 是一六一回龙观的金雨娇同学做的学生讲课活动。

图 5－24　一六一回龙观的金雨娇同学做的学生讲课活动

（图片提供者：北京市第一六一中学回龙观学校　李明）

三所学校的语文教师表示，基于课题研究成果的交流，收获颇丰。例如小汤山中学的一位老师说："听了一六一回龙观语文组的公开课，我深刻地认识到整本书阅读也应该有一个具体的目标。授课教师根据自己的实践和班级情况制定了低、中、高三个层次的整本书阅读课程目标，对我有很大的启发和借鉴意义。我也要通过调查问卷等形式摸清自己班级目前的阅读状况，然后制定一个阅读目标，从课程的高度来关注整本书阅读。"

小汤山中学的另一位老师说："整本书阅读在不同时段有不同课型，一六一回龙观初二备课组的老师从不同角度设计了《傅雷家书》的课型。他们提到的整本书阅读的大致流程是导读—自读—交流—延伸，每一个时段都有一定的课型——导课课、自读课、推进课、交流课，这些课型都有一定的设计目标，有自己独特的实施方式。这对我影响较大，它启发了我如何在不同的年级做整本书阅读的课程设计。”

大东流中学的一位老师说：“一六一回龙观语文教研组设计的整本书阅读的评价方式可操作性强，评价角度多元，值得借鉴。它可以实现从阅读的质和量两个方面来评价，质主要是兴趣、习惯、效果等，量则是书目和阅读时间。评价方式丰富多彩，评价的宗旨是让学生获得持续的阅读热情。”

一六一回龙观的一位老师说：“语文组开展的名著阅读整本书教学活动给了我一个很好的平台，它让我把以前带领学生做的零散的整本书阅读系统化了。特别是在区教研员和语文组老师的帮助下，我完成了名著阅读整本书教学的研究课后，更加有意识、有信心地在自己的班级实施整本书阅读的课程了。”

（案例提供者：北京市第一六一中学回龙观学校　李明）

三、引领课程建设

课程建设的路径可以是自上而下的，即学校按照有关政策的规定结合自身学校的文化、育人目标、育人理念等，设计学校的课程。这种路径的优势是系统性和规划性强，劣势是教师是被动地参与。当然，课程建设还有另外一种方式，就是自下而上，即教师在学校课程结构的大框架内，在学校文化、育人目标和育人理念等大背景下，结合自身的兴趣与特长，设计具有特色的学生活动或者开发课堂教学新的模式，从而丰富综合实践活动课程体系，促进课堂教学方式的变革，提升课程的育人能力。

实践课程开发类课题的研究成果是教师自下而上丰富学校课程体系的重要工具之一。因为课题研究具备前瞻性和价值性，课题研究需要理论的指导，且具有系统性和高度凝结性，因而从课题出发开发出的学生综合实践活动课程，既符合教育发展方向，又有较强的科学性、实践性和系统性，对学校课程建设具有引领性的作用。

城乡学校基于实践课程开发类的课题共同研究、共同实施，不仅有助于课题研究的推进，丰富课题的研究成果，深化课题研究内容，增强课题研究成果的适用性，而且可以利用课题研究成果，丰富学校课程体系，引领学校课程建设，为城镇学校和乡村学校的课程注入新鲜的血液。

下面以一六一回龙观艺术组牵头，首都师范大学附属回龙观育新学校、北京市昌平区回龙观中学和大东流中学艺术教师参与研究的《基于“二十四节气”初中美术实践活动设计与实施研究》课题为例进行介绍。该课题主要解决的问题是国家政策层面重视传统文化教育、美育教育和艺术实践与学科融合，与实践层面中学生缺乏对传统文化了解之间的矛盾。

基于“二十四节气”的课题研究

一、课题研究的起源

一六一回龙观的张驰老师对“二十四节气”有一定的研究兴趣。张驰老师认为，“二十四节气”是我国传统文化瑰宝，本身包含了地理、生物、数学等学科知识，同时，在“二十四节气”传播以及习俗演变中，出现了诗歌、绘画、音乐、舞蹈等表现形式，又与语文、绘画、音乐等学科紧密相连，是传统文化教育和美育教育的知识宝库，蕴含丰富的教育资源。因此，张驰老师决定以课题研究为发起形式，开展“二十四节气”初中美术实践活动设计与实施，从而提升学生的人文素养，给予学生感悟和传承传统文化的平台。

该课题采用对比研究的方式，制订了“二十四节气”初中美术实践活动方案和活动内容，在实践活动的实施阶段通过对比城镇学校和乡村学校不同地域学生的情况，探索了“二十四节气”初中美术实践活动有效实施策略。

课题研究的过程是一次自下而上丰富学校课程内容的实践。就一六一回龙观来说，其课程结构包括基础课程和拓展类课程，美术课程属于基础课程。本课题的研究成果包括《“二十四节气”——春》《“二十四节气”——夏》《“二十四节气”——秋》《“二十四节气”——冬》四个主题作品的设计。在作品设计的过程中，学生不仅了解和体会了传统文化，落实了中学美育教育的目标，更提升了美术课堂的质量，使得美术课堂有了灵魂与内涵，提升了学校基础课程的育人能力。

例如学生上完课后表示，二十四节气是中国人通过观察太阳周年运动而形成的时间体系，亦是我们的先民仰观俯察宇宙的发现，更是“天—地—人”和谐共生的心灵觉悟。从本质上说，二十四节气所提供的是一种与现代“物理时间观”相区别的“自然时间观”。从小在城镇长大的我们对于祖先优秀的文化知之甚少，通过教师讲解及活动，我们对二十四节气的意义都有了更深刻的理解。在这里我们使用蜡笔绘画的方式，画出了不同节气所代表的花与其关联。中国人素来都有对自然亲近的传统，所以我们采用身边最常见的花表达了对自然的尊崇和敬畏。

可以说通过这样一次课题研究的探索，更新了一六一回龙观美术课程实施的理念、方式，增加了课堂素材与情境的选择，形成了学校美术课程的重要主题与名片。随着时间的推移，如果可以进行延续性课题的研究，可以预见学校的美术课程将会越来越素养化、体系化和特色化。综合实践活动课程属于学校的拓展类课程，基于课题成果，学校开展了作品展览等学生活动，同时也丰富了综合实践课程的内容。可见，教师自发的课题研究是自下而上丰富学校课程内容，引领学校课程发展的重要方式之一。

二、学生主要成果

作品一：春天的礼赞

北京市昌平区大东流中学地处昌平区农村，为了让学生更好地感受不同节气带来的自然变化，教师带领学生深入自然，利用树叶制作《春天的礼赞》展览作品（见图5－25）。

图5－25　北京市昌平区大东流中学学生制作和布置《春天的礼赞》作品展览

（图片提供者：北京市昌平区大东流中学　闫媛）

作品二：春天的小品

北京市昌平区回龙观中学美术教师陈静非常擅长国画、陶艺，在此次《“二十四节气”——春》主题制作中，依托山水小品，融合陶艺、超轻黏土，创作出《春天的小品》组画（见图5－26），在制作过程中感受文人雅士对于春、对于节气的美好寄托。

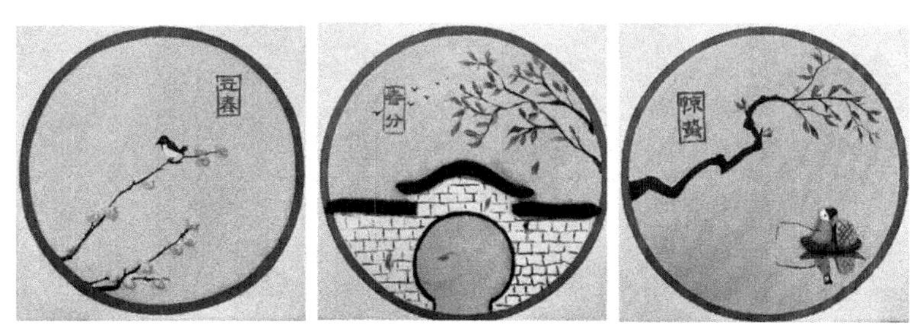

图5－26　《春天的小品》部分作品

（图片提供者：北京市昌平区回龙观学校　陈静）

作品三：《“二十四节气”——夏》

一六一回龙观在前期调研中充分调动学生的积极性，由学生自主选择制作形式，最后共推选出石英砂、蜡笔立体画、橡皮章制作等多种艺术表现形式。因此《“二十四节气”——夏》主题制作选择石英砂（见图5-27）和蜡笔立体画（见图5-28）形式。学生在了解节气花卉生长的同时，体会综合材料为艺术创作带来的乐趣。

图5-27　石英砂作品

图5-28　蜡笔立体画作品

（图片提供者：北京市第一六一中学回龙观学校　刘怡婷）

作品四：《“二十四节气”——秋》

该主题制作由一六一回龙观的学生完成。本主题采用的表现形式为橡皮章版印，制作《蓝印——生命之树》作品及周边文创产品（见图5－29）。

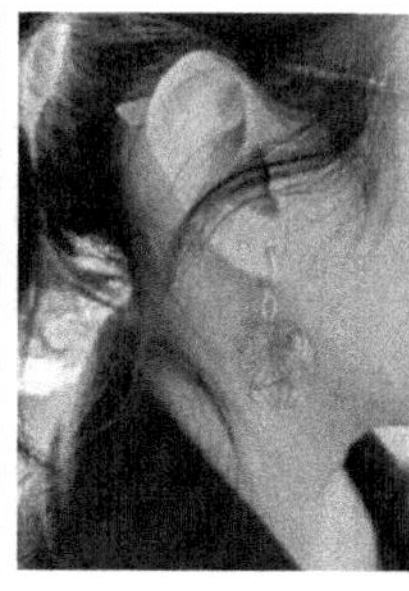
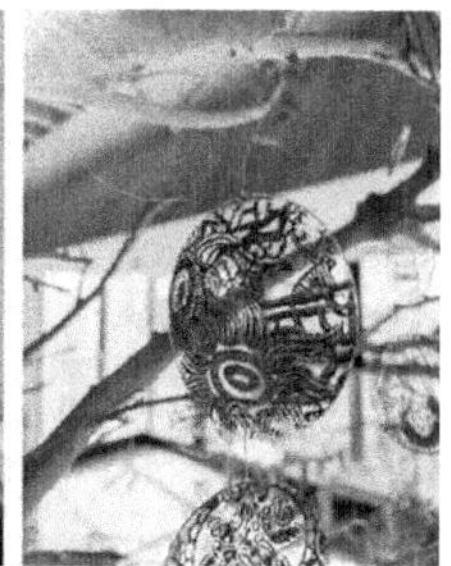

图5－29　《蓝印——生命之树》作品及周边文创产品

（图片提供者：北京市第一六一中学回龙观学校　张驰）

作品五：《“二十四节气”——冬》

首都师范大学附属回龙观育新学校负责《“二十四节气”——冬》作品的制作（见图5－30）。采用的形式为艺术浮雕，将黏土与丙烯画相结合，色彩丰富艳丽，充满艺术感。

图5－30　《“二十四节气”——冬》作品制作

（图片提供者：首都师范大学附属回龙观育新学校　陈萌）

三、学生综合实践活动

北京市昌平区大东流中学依托校本课，开展《春天的礼赞》作品展活动。北京市昌平区回龙观中学依托课后服务时间，开展《春天的小品》主题作品。同样，一六一回龙观依托课后服务时间，开展《“二十四”节气花卉》扭扭棒制作（见图5－31）。

图5－31 《“二十四”节气花卉》扭扭棒制作

（图片提供者：北京市第一六一中学回龙观学校 刘怡婷）

北京市第一六一中学回龙观学校依托美术课堂，开发《“二十四节气”纹样设计》课、《春分——汉字的装饰设计》课（见图5－32），以及节日主题课《追光逐影——端午走马灯设计》课。

同时依托社团活动，开展《“二十四节气”——夏》石英砂、蜡笔立体画作品以及《“二十四节气——秋》橡皮章版印作品。

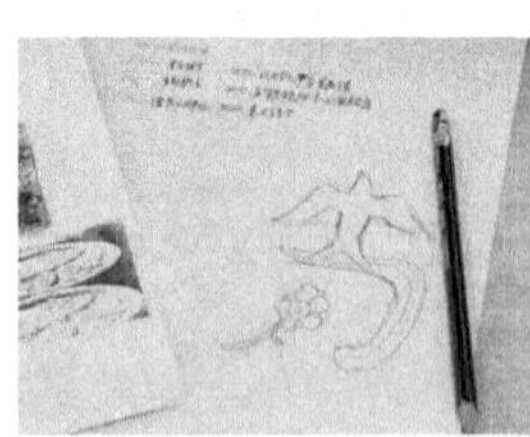

图5－32 《春分——汉字的装饰设计》课堂展示

（图片提供者：北京市第一六一中学回龙观学校 张驰）

首都师范大学附属回龙观育新学校利用社团活动组织学生进行“二十四节气”艺术浮雕创作（见图5－33）。

图5－33　“二十四节气”艺术浮雕创作

（图片提供者：首都师范大学附属回龙观育新学校　陈萌）

案例分析：

城乡中小学一体化发展为课程开发或者实践活动开发类的课题研究提供了差异性的平台，这不仅有助于城乡学校课程的发展，而且提升了课题研究成果的深度与广度。《基于“二十四节气”初中美术实践活动设计与实施研究》的课题研究成员包含了城乡两类学校的教师，在课题研究的过程中发现，城乡学校共研对课题研究本身有以下几个方面的助益。

一是增强了课题研究成果的普适性。一六一回龙观、首都师范大学附属回龙观育新学校、北京市昌平回龙观中学和大东流中学四所学校的生源差异较大，包括西城回迁居民的子女、周边乡村拆迁居民的子女、上地地区“高尖精”技术产业引进的外省人才子女、外来务工人员子女和乡村居民子女等。四所学校的学生人数众多、构成复杂，艺术素养参差不齐，课题组的教师依托多年教学经验，以不同层次的学生为样本开展课题研究，研究成果更有普适性。

二是研究过程更具综合性。首都师范大学附属回龙观育新学校属于海淀区、昌平区联合办学学校，因此在教学研究中可以吸收海淀区美术学科教学理念。同理，一六一回龙观的研究部分也体现了西城区美术学科教学理念。以上两所学校将“二十四节气”中的习俗、物象通过提炼再设计，与现代综合材料相结合制作艺术浮雕、生命树版印制作石英砂及油画棒立体画，更具设计感和时尚感。北京市昌平区回龙观中学是一所昌平区本土学校，该校教师擅长国画，利用国画和黏土结合研究《“二十四节气”——春》主题立体画，体现了教师优势和学校美术特色。北京市昌平区大东流中学是一所乡村学校，该校教师就地取材利用树叶研究《“二十四节气”——春》主题设计展，不仅体现了教师优秀的设计能力和策展能力，也体现了乡村学校特有的乡土情怀。

三是课题研究成果更丰富且具地方特色。各校教师根据自身擅长的领域，针对不同地域、层次的学生开展“二十四节气”美术实践活动，使得学生作品丰富，各具特色。例如，一六一回龙观根据每个节气的代表花卉制作《“二十四节气”——夏》石英砂花卉作品以及蜡笔立体花卉作品，同时，结合习俗、物象变化，利用橡皮章版印设计《“二十四节气”——秋》生命树。首都师范大学附属回龙观育新学校根据“二十四节气”的习俗设计《“二十四节气”——冬》艺术浮雕作品。

（案例提供者：北京市第一六一中学回龙观学校　张驰）

四、提升作业设计能力

作业具有巩固课堂教学成果、拓展课堂教学内容、深化学生对知识的理解等作用，与课堂教学是互补的关系，良好的作业设计可以有效地提升教学质量。国家层面对作业设计的重视程度越来越高，2019 年 6 月 23 日，中共中央、国务院发布的《关于深化教育教学改革全面提高义务教育质量的意见》提出了要强化实践性作业，提高作业设计质量的要求；2021 年 7 月 24 日，中共中央办公厅、国务院办公厅印发了

《关于进一步减轻义务教育阶段学生作业负担和校外培训负担的意见》，该意见要求对学生作业减负，相当于对作业设计质量提出了更高的要求。习题是传统作业设计的主要形式，比较成熟，然而作业的形式多种多样，特别是实践性作业和跨学科融合的作业设计还处于探索阶段，多数学校虽然已经积累了零散的案例与经验，但是缺少系统化的研究，而实践性作业和跨学科融合的作业对培养学生的知识应用与迁移能力、学科核心素养与综合能力有重要意义。

为了系统化研究实践性作业的设计，提升实践性作业设计的有效性，一六一回龙观数学组牵头，与昌平区第二中学、昌平区第五中学、昌平区流村中学、北京师范大学昌平附属学校、昌平区南邵中学的数组教师联合成立课题组，作了题为《初中数学实践性作业的设计与实践研究》的课题研究。该课题研究的主要内容包括结合初中学段的教材，设计与实施实践性作业，探索实践性作业的评价标准。

课题组的教师包含城镇学校和乡村学校两类，城乡学校的学情和地域特征差异较大，城乡学校的教师共同研究初中数学实践性作业的设计，一方面丰富了实践性作业设计的素材和视角；另一方面，经历过城乡学校学生实践检验过的作业设计，适用性和有效性更强，提升了课题研究成果本身的价值。

城乡学校联合共研实践性作业设计，提升了学校教师作业设计的意识和能力，有助于学校系统化开展作业设计。例如在课题实施过程中，实践性作业的案例经过多次实施与修改后，课题组成员经总结反思发现作业设计主要有三个核心点：一是要注重知识的应用，要通过实践性的作业，让学生在探究或动手操作过程中正确运用知识、巩固知识；二是要关注学生的兴趣，学生的兴趣与作业完成度呈正相关；三是教师要进行科学指导，初中的学生思维活跃，有一定的理性思维和生活经验，但是科学的理论化指导需要教师运用合适的方法进行。

城乡学校数学组的教师在课题研究的实践中，经过交流、总结与反思后，作业设计的能力获得较大的提升。161 回龙观数学组的实践性作业设计在学校的教研组建设中起到了“标杆”和“榜样”作用，目前，多个教研组均开启实践性作业设计的研究。例如，英语组的“翻转课堂下的作业设计研究”、生物组的“生物种植实践活动下的作业设计”、语文组的“个性化的阅读作业，包括阅读任务单、水浒人物朋友圈、长征主题展览的解说词”等。各种形式的实践性作业提升了161 回龙观在“双减”政策背景下的作业设计能力。

下面以李娜老师的探究“水银温度计中的函数关系”实践性作业为例进行介绍。

探究“水银温度计中的函数关系”实践性作业

一、学情分析

本作业是在学习函数概念和一次函数之后布置的作业，学生已经具备研究在一个变化过程中提取两个变量，通过数据的测量，做出图像，判断两个变量的函数关系式的能力，并具有求出相关表达式的知识储备，有一定的研究能力，以及利用身边工具的能力和团队合作意识。

二、设计目标（见表 5－2）

表 5－2　设计目标

一级目标	二级目标	具体描述
核心素养	主要核心素养	抽象能力、模型观念、推理意识、应用意识
	次要核心素养	数据意识、运算能力
“四基”	基础知识	能识别实际问题中的常量、变量及其意义，并能找出变量之间的数量关系及变化规律
	基本技能	能用适当的函数表达式刻画实际问题中变量之间的关系
	基本思想	抽象化、模型、数据分析
	基本活动经验	数学实验过程

续表

一级目标	二级目标	具体描述
“四能”	发现、提出问题	用数学的眼光发现两个变量之间的数量关系
	分析、解决问题	用数学的思维表达两个变量之间的数量关系
品格与价值观	—	理性思维、勇于探究、合作学习

三、作业设计的具体内容（见表5-3）

表5-3　作业设计的具体内容

作业设计	对应的单元知识点
1. 作业内容 同学们，我们都见过测量温度的水银温度计。测量体温时，温度计的水银柱的长短会随着体温的高低变化而变化。 （1）请你说明温度计的水银柱的长短和体温的高低之间是否存在函数关系；如果不存在，请说明为什么。 （2）如果存在，设体温为x℃时，水银柱长为$y$cm。请你观察实验，求出y与x的函数表达式，画出函数图像。（数据收集过程可以拍照微信发给老师） 如果你家没有水银温度计，可以自选一个变化过程进行研究。 2. 作业完成说明 （1）同学们建议使用测量房间温度的大温度计，请你思考一下，在这个过程中如何收集不同温度下对应的水银柱长呢？ （2）如果家中没有大温度计，也可以使用测量体温的体温计，但需要注意的是，体温计的温度范围比较小，且起始温度比较高。 （3）最后，在实验过程中请注意安全，关注两种温度计的最高值，不要超过这个温度，防止温度计出现爆炸危险。 3. 作业建议时长 30分钟	从简单的生活情境入手探索简单实例中的数量关系，在研究中综合运用物理、数学、生活常识等知识；设计简单的实验过程，从中获取实验数据，借助实验数据研究变量之间的变化规律；由于不能够直接得到两个变量的关系，需要借助图像法描述出两个变量的关系，并结合图像对函数关系进行分析，进而确定两者的关系满足一次函数，会用待定系数法确定函数的表达式

四、作业设计说明

(1) 本作业改编自北京版教材八年级下册课本习题。

(2) 本作业实施时间适合安排在学习完一次函数之后，从学生熟悉的生活情境出发，使其能识别实际问题中的常量、变量及相应的意义，并能找出变量之间的数量关系和变化规律。

(3) 在作业实施中，一方面要引导学生从数学的角度观察和分析问题；另一方面，也要启发学生从现实的角度思考和研究问题。比如，在实践中要特别告诫学生注意温度计的最高值，防止出现温度计爆炸现象。

五、作业完成反馈

图 5－34 为学生的实验过程的照片。

(a)

(b)

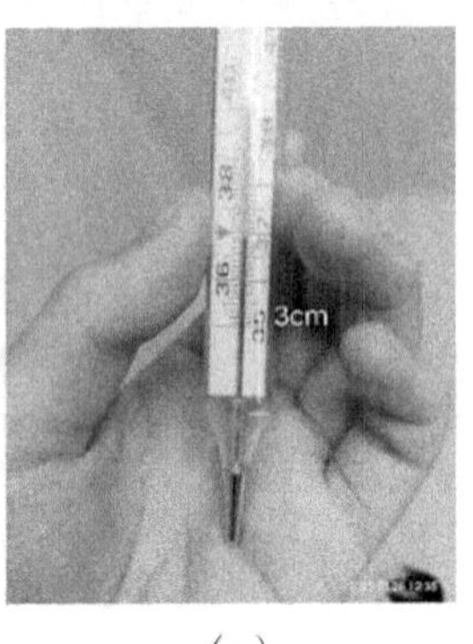

(c)

图 5－34　学生的实验过程

(图片提供者：北京市第一六一中学回龙观学校　李娜)

部分学生完成的作业如图 5－35 所示。

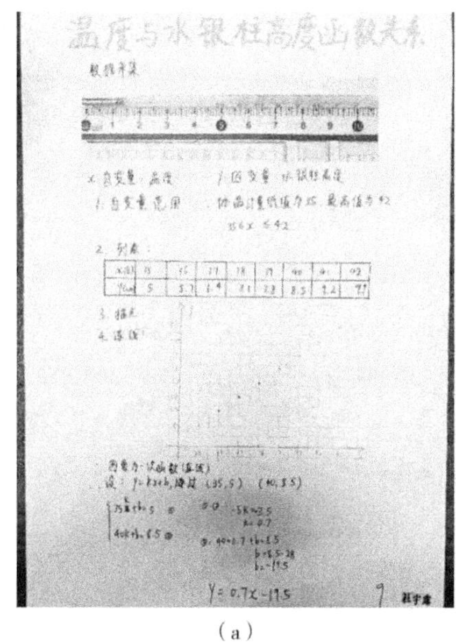

（a）

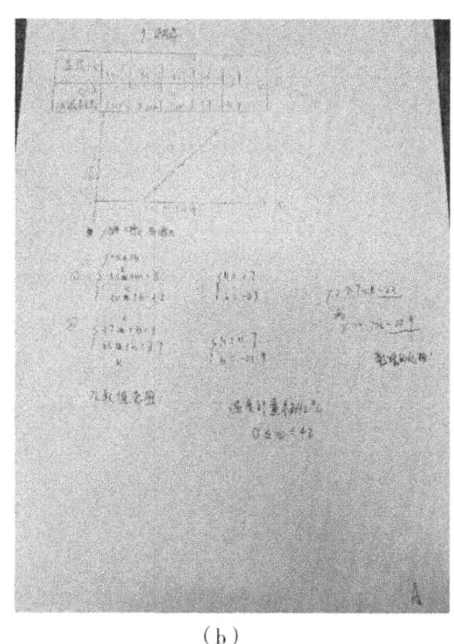

（b）

图 5－35　部分学生完成的作业

（图片提供者：北京市第一六一中学回龙观学校　李娜）

六、作业反思

虽然作业是安排在学习完一次函数之后的，但仍有不少学生根本就没有考虑先判断两个未知数之间是什么函数关系，便直接借助两个数据利用待定系数法求函数解析式的，这些同学明显出现了思维定式，忘记了学习函数时我们研究函数的一般过程了，因此教师需要借助讲解作业强化，这个作业的实施对于学生研究更加一般的函数关系是一个很好的示范。

部分学生的数据处理能力稍弱，对函数值的意义理解不到位。例如，有位同学研究的是“弹簧测力计示数与伸长长度的关系”（见图 5－36）。他对于两个变量代表的含义有清晰的解释，在列表这一环节中明确地写出（0，0）这个点在函数图像上，自己画出的图像也经过了原点，可是由于实验有误差，计算出来的函数并不是一个正比例函数，但他本人并没有意识到。

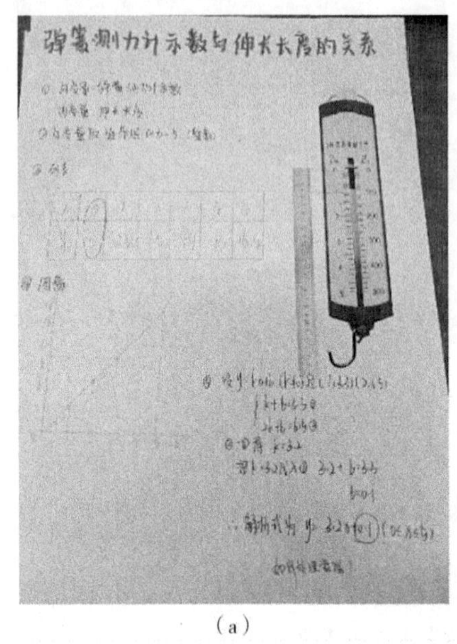

（a）

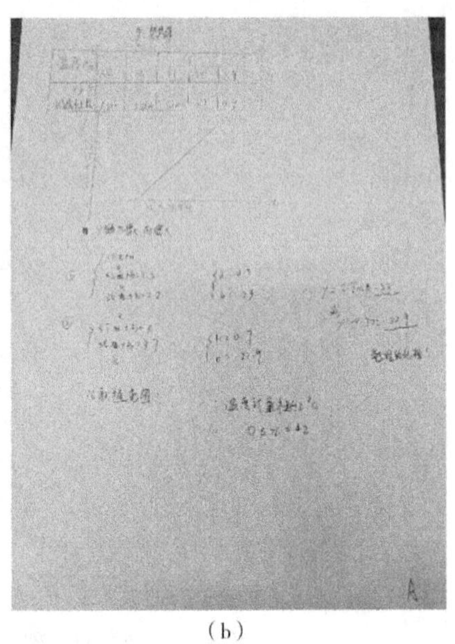

（b）

图5－36　某位学生的作业

（图片提供者：北京市第一六一中学回龙观学校　李娜）

再如还有一位同学研究的是“温度与水银柱高度之间的函数关系”。他已经借助图像得到一条直线，取点的时候他选取了四个点得到了两个函数，但这两个函数的解析式有些许的差别，于是他就把两个函数关系式都写上了。这说明他对于判断一次函数，以及这些点都在同一条直线上还是有疑惑的，因此进行了验证。这个结果非常有意思，老师在讲解作业时需要表扬他这种严谨的精神，同时也要提醒学生实验数据的准确性对结果有影响，因此在做实验的过程中应该考虑到这样的影响。

七、作业改进方案（见表5－4）

表5－4　作业改进方案

作业设计	对应的单元知识点
1. 作业内容 同学们，我们都见过测量温度的水银温度计。测量体温时，温度计的水银柱的长短会随着体温的高低变化而变化。 （1）请你说明温度计的水银柱的长短和体温的高低之间是否存在函数关系；如果不存在，请说明为什么。 （2）如果存在，设体温为x℃时，水银柱长为$y$cm. 请你观察实验画出函数图像。 （3）请根据你画出的函数图像猜测，体温x℃与水银柱长$y$cm之间的函数属于哪种类型的函数关系？你能把y与x的函数表达式求出来吗？如果可以，请详细表述解答过程。（数据收集过程可以拍照微信发给老师） 如果你家没有水银温度计，可以自选一个变化过程进行研究。 2. 作业完成说明 （1）同学们建议使用测量房间温度的大温度计，请你思考一下，在这个过程中如何收集不同温度下对应的水银柱长呢？ （2）如果家中没有大温度计，也可以使用测量体温的体温计，但需要注意的是，体温计的温度范围比较小，且起始温度比较高。 （3）最后，在实验过程中请注意安全，关注两种温度计的最高值，不要超过这个温度，防止温度计出现爆炸危险。 3. 作业建议时长： 30分钟	从简单的生活情境入手探索简单实例中的数量关系，在研究中综合运用物理、数学、生活常识等知识；设计简单的实验过程，从中获取实验数据，借助实验数据研究变量之间的变化规律；由于不能够直接得到两个变量的关系，需要借助图像法描述出两个变量的关系，并结合图像对函数关系进行分析，进而确定两者的关系满足一次函数，会用待定系数法确定函数的表达式

八、作业评价方案（见表5－5）

表5－5 作业评价方案

评价目标	优秀	合格	不合格
抽象能力	从简单的生活情境入手探索简单实例中的数量关系，能识别实际问题中的常量、变量及其意义	能识别实际问题中的常量、变量	不能识别实际问题中的常量、变量
推理意识	由函数的图像推导出两个变量之间的函数属于常见的哪类函数关系式	没有经过推理直接使用数据套用一次函数解析式求得函数关系式	不能正确推导出两个变量之间的关系
模型观念	能够根据数据画出图像，并能够根据图形准确地判断模型	能用适当的函数表达式刻画实际问题中变量之间的关系	不能够经历研究函数的一般过程来解决这个实际问题
数据意识	能够准确地收集足够的数据，并且能够进行适当的处理，使数据使用起来方便运算	能够收集足够的数据，允许利用数据计算的时候出现一些小问题	没有收集足够多的数据的意识，直接使用1～2组数据进行计算
运算能力	能够根据收集的数据准确地计算	允许计算方面出现一些小问题	完全没有算对
学习态度	能够按时完成作业，提供实验照片并提交作业，且完成度达到80%及以上	能够提交实验照片作业，完成度达到60%～80%	只能够提交作业且态度敷衍，完成度在60%以下
思维品格	以上5类素养达到4类及以上即为优秀	以上5类素养达到3类即为合格	以上5类素养只能达到2类及以下的即为不合格
学会学习	能够积极主动地寻求帮助，借助合适的测量工具测量数据，体会数学应用于实际，理解实际生活中处处有数学	能够较为主动地寻求帮助，借助合适的测量工具测量数据	直接使用其他网络数据
价值观念	能够体现数学的学科严谨性，质疑自己所得的数据，或者在测量出现误差时，能够及时发现这些误差，具有科学批判精神	在测量和使用数据中意识到出现了问题，但是不能够准确地发现问题	把实践性作业等同于求两个变量的一次函数的解析式

（案例提供者：北京市第一六一中学回龙观学校　李娜）

第六章　城乡中小学一体化发展背景下提升乡村学生发展质量的关键做法

学生在学校的发展深受教师专业素养和学校管理与规划的影响，学生发展质量是教师发展和学校发展程度的最终体现。本章在讨论城乡中小学一体化发展背景下乡村学生发展提升关键做法的时候，重在讨论如何在城乡中小学一体化发展的框架内，促进教师发展和学校发展，从而提升乡村学生的发展质量。

第一节　优化城乡中小学一体化发展的路径

城乡中小学一体化发展的重要基础是区域内有一定数量的优质资源输出校，且城镇学校有较强的辐射和带动能力。这一方面需要相关教育主管部门充分分析区域内学校的基础和特色，筛选出优质的城镇学校作为区域内的教育资源输出校；另一方面，相关教育主管部门也可以通过与其他区域建立教育发展共同体的关系，建立区域间的教育发展联系，在区域教育发展的差异中相互提升、共同发展，解决区域内资源输出校的数量不足与资源输入校需求较多的矛盾。

经研究，城乡中小学一体化发展的效果与城乡学校间的匹配程度呈正相关，这种匹配既可以是城镇学校与乡村学校间有共同的教育教学实践内容，也可以是城镇学校发展相对成熟的内容刚好是乡村学校规划发展的内容。这就需要教育主管部门在做城乡中小学一体化发展的规划时，充分考虑城镇学校的基础与乡村学校的需求是否匹配。为了提升城乡学校的匹配程度，可以适当地做前期调研与评估，以了解乡村学校发展中遇到的瓶颈与需求，为其匹配合适的城镇学校。这样，不仅可以让乡村学校在城镇学校的引领下获得较大提升，乡村学校的差异化发展也可以丰富城镇学校实践成果的形式，促进城镇学校教育教学实践的深度发展。

同时，需要依据乡村学校的特征匹配合适的城乡中小学一体化发展路径（见图6－1）。例如，对于发展质量好、有特色、有清晰的发展定位与规划、有发展基础和发展思路的学校，比较适合的路径是城乡学校间建立“手拉手”的合作发展关系，因为其发展面临的问题主要是资源。而对于新建的或发展基础薄弱、发展特色不突出且迫切需要提升教育质量的乡村学校来说，比较合适的发展路径是加入教育集团。因为教育集团有统一的管理框架与标准，集团化可以助力薄弱的乡村学校提升管理架构，从而提升其学生发展质量。在城乡中小学一体化的发展框架内，集团化发展是提升乡村学校管理架构的有效方法，建立以区域内的优质学校为核心的管理集团，将乡村学校纳入集团化统一管理中，按照集团统一的标准进行教育教学和德育的建设与管理，乡村学校内的关键管理岗位和关键学科教师由集团统一规划、调整、任选，乡村学校教育资源的不足之处也由集团统一调配，从而实现乡村校学生发展质量的快速提升。

值得关注的是，信息技术可以应用于城乡中小学一体化发展项目，这不仅可以解决城乡学校远距离交流的空间阻隔问题，而且可以增强城镇学校的辐射和带动能力。下面以北京市昌平区黑山寨学校为例进行介绍。

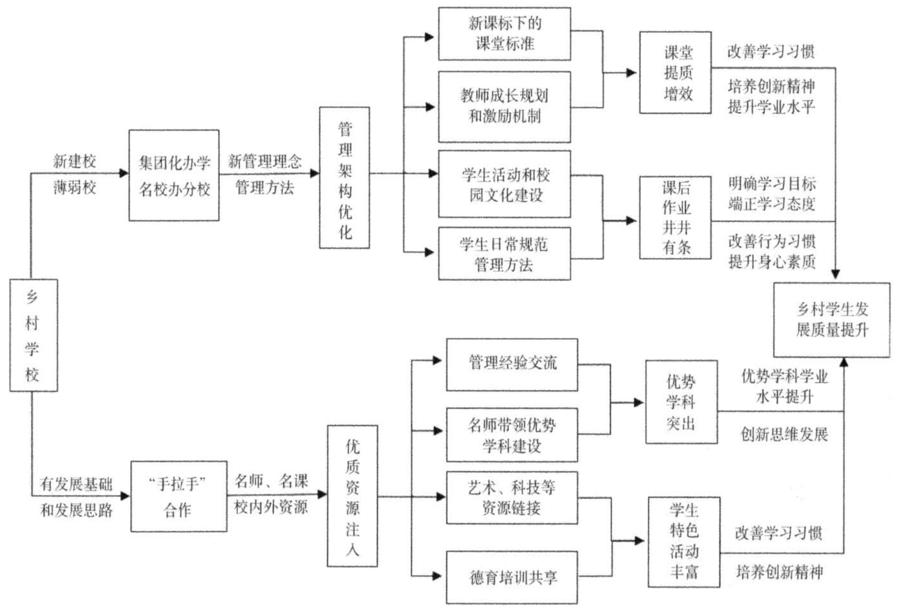

图6－1 城乡中小学一体化发展对乡村学生发展质量提升的路径

黑山寨学校积极提升学生发展质量

黑山寨学校位于昌平区东北部延寿镇黑山寨村，靠近昌平区与怀柔区交界处，属于昌平区的山区校，地理位置比较偏远，是一所九年一贯制的学校。由于学校地处山区，师生人数较少，小学部学生约有90名，初中部学生约有50名，学校教师共44名，且教师年龄整体偏大，教育活力不足。

为了提升学校教师队伍质量、促进乡村教育发展，黑山寨学校积极参加昌平区组织的“双师课堂”项目，以“双师课堂”形式助力学校提升课堂品质，实现“双减”下的提质增效，满足教师和学生需要。具体以道德与法治双师课堂——《法律伴我们成长》为例进行介绍。

2023年5月11日，初中道德与法治教研员尹利平老师以《法律伴我们成长》为题，为昌平区黑山寨学校八年级的同学们带来了一场精彩的法治专题直播课（见图6－2）。尹利平老师的这节课分为“知识回顾与拓展”“情景观察·我思考”“案例探究·我分享”“知行合一·我行动”四个环节，通过创设贴近学生实际生活的情境与案例，帮助学生巩固《中华人民共和国未成年人保护法》中的“六大保护”，提高了学生辨别是非的能力，注重引导学生利用法律知识解决生活中的真实问题，提升学生法治观念。学生在课堂参与中提升能力、培育素养，共同完成了一节助力学生增加法律知识、提升法治素养的课堂。

图6－2　黑山寨学生在道德与法治双师课堂学习《法律伴我们成长》一课

（图片提供者：北京市昌平区黑山寨学校　贾媛芳）

除了道德与法治参与“双师课堂”活动以外，黑山寨学校的语文、数学、英语、物理等多个学科也参与其中。目前，黑山寨学校已经成为昌平区“双师课堂”实践基地学校。黑山寨学校的教师们表示，“双师课堂”拉近了教师和学生与名师优课的距离，教师可以通过观摩和反思提升教学能力，学生可以接触到优质课堂，提升学业水平。

为了落实北京市“十四五”时期教育改革和发展规划要求，加快推进义务教育优质均衡发展和城乡一体化进程，整体提升黑山寨学校的办学水平和育人质量，2023 年 11 月 2 日，黑山寨学校与北京教育学院丰台分院附属学校建立了“手拉手”合作关系，“双师课堂”也是两校合作中重点开展的项目之一。

由此可见，在城乡中小学一体化发展项目中尝试使用信息技术，可以提升城乡学校交流与沟通的深度和广度。但其中值得注意的是，“双师课堂”并不能完全代替乡村学校原本的课堂教学，因为城乡学校的学情不同，有可能出现上课内容偏难或者过于简单的现象，即“双师课堂”可能出现不适应乡村学校学情的问题。因而，乡村学校引入“双师课堂”后需要思考如何科学使用。

（案例提供者：北京市昌平区黑山寨学校　贾媛芳　杨长山）

第二节　搭建城乡教师交流合作平台

教师是教学活动的直接组织者和学生的直接管理者，乡村学生发展质量深受教师素养的影响。学生的在校生活包括课上和课下，因而提升乡村学生发展质量既需要提升教师的课堂教学能力，又需要提升课下活动的设计与组织能力，这对教师的专业素养提出了较高的要求。

教师不仅需要具备扎实的学科知识、先进的教育教学理念，从而设计出带动学生认知和思维成长的教育教学活动，而且需要在实践中探索和积累经验活动组织与实施的经验。

在很多城乡中小学一体化发展的项目中，课例研究是提升乡村教师专业技能的一个重要的专题模块。通过课例研究，乡村教师可以深入探讨和研究学科教学中的典型案例，进而提升他们的教学能力与对学科知识结构和学科本质的把握能力。同时，课例观摩也是一个重要的活动形式，乡村教师可以观摩其他教师的课堂教学，学习优秀的教学方法和策略，更新自己的教育观念，并提升自己的教学技能。此外，试题研究也是一个重要的专题模块。通过研究和讨论试题的难易程度、考查内容以及学生答题情况等，乡村教师可以更好地把握学科教学的重点和难点，提升对学科知识的理解和运用能力，并且也可以更好地了解学生的学习情况和需求，为他们提供更好的指导和帮助。除了以上这些专题模块，城乡学校教师交流学习活动的组织形式还可以多样化。例如，师徒结对是一种常见的形式，通过经验丰富的教师带领新教师或教学能力相对较弱的教师，帮助他们提升教学水平和能力。联合教研和联合培训也是有效的形式，可以促进城乡教师之间的合作和交流，分享经验和资源，共同提升教学水平和质量。课题共研和互相听评课同样是重要的形式，可以帮助教师们更好地了解彼此的教学方法和策略，学习他人的优点和长处，改进自己的不足和缺陷。

在实施城乡中小学一体化发展项目时，可以在学校层面上，从教师课上设计和组织教学活动、课下设计和组织学生活动的角度出发，搭建城乡教师交流合作的平台，提升乡村教师的专业素养。例如，城乡学校可以在城乡中小学一体化发展的项目实施方案中设计课例研究、课例观摩、试题研究等专题模块，提升乡村教师的教学能力、教研能力、对学科知识结构和学科本质的把握能力、课堂活动的设计能力等，助力乡村教师提升课堂教学质量。可以设计课下活动方案的交流、活动观摩等专题模块，以开阔相关教师的视野，更新教育观念，启发课下活动设计的灵感，间接获得活动设计与组织的经验，提升乡村教师课下活动的设计与实施能力。城乡学校教师交流学习活动的组织形式可以多样化，但值得注意的是，学校或者相关主管部门可以在城乡中小学一体化发展的项目设计阶段先明确城乡教师协作交流的原则和框架边界，从而使得城乡教师间的合作交流有制度保障。

例如，名师工作室就是城乡学校教师交流协作的重要平台之一。北京育翔小学回龙观学校副校长、北京市小学数学特级教师、正高级教师主持成立的赵震小学数学名师工作室在乡村教师成长和乡村数学教育发展中就发挥了助推器的作用。工作室面向昌平区的小学教师开放，招收成员。工作室的成员既有城镇教师，也有乡村教师，通过参加工作室组织的系列活动，城乡教师深度交流，碰撞出智慧的火花，共同研究，共同成长。

城乡教师在工作室内共研共学，可以提升对教育教学的认知能力和认知水平。工作室不仅会结合小学数学重点领域的典型课例带领工作室成员积极开展单元教材分析、学情调研和课堂教学策略研究，而且每月会开展一次专题讲座活动，每学期会带领教师系统学习一本教育理论书，进行读书分享活动，每学期成员会参加不少于10课时的各类培训，并交流收获，每位成员每学期会开设一到多节专题讲座。在学习和交流的过程中，工作室成员积极参与，广泛阅读，及时交流分享，这样的交流分享活动，不仅促进了教师更新对教学的认识和理解，而且有效激发了教师们对自己未来教学的正向思考。

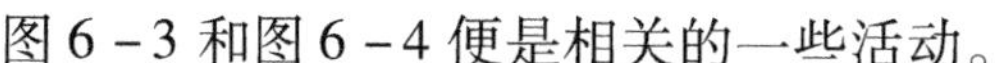

图6－3和图6－4便是相关的一些活动。

图6－3　全国著名特级教师化应龙“化错问题”专题指导活动

（图片提供者：北京育翔小学回龙观学校　邸馨瑶）

图6－4　全国著名特级教师吴正宪专题讲座活动

（图片提供者：北京育翔小学回龙观学校　邸馨瑶）

工作室组织的公开课展示活动，可以提升城乡教师的教育教学实践能力。工作室会以公开课为载体，通过课例展示的形式，让城乡教师以课例为共同的研究对象，开展深入的交流和分析，促进教师专业发展。比如在工作室以“聚焦课堂，提升质量”为主题的公开课展示活动中，工作室成员郑燕老师执教的《行程问题》单元现场课（见图6－5）及李超老师执教的《分数的基本性质》单元现场课（见图6－6）受到了来自崔村中心小学、亭自庄学校、第四实验小学等学校教师的一致好评。来自亭自庄学校的教师表示：“通过参与本次公开课展示活动，我对‘单元整体知识建构’有了新的认识与思考，在新课标引领下，我们要以培养学生核心素养为导向，以知识本质为依据，在真实情境中培养学生解决问题的能力，感受知识学习的价值。”

图 6－5 郑燕老师执教的《行程问题》单元现场课

（图片提供者：北京育翔小学回龙观学校 邱馨瑶）

图 6－6 李超老师执教的《分数的基本性质》单元现场课

（图片提供者：北京育翔小学回龙观学校 邱馨瑶）

郑燕老师和冉国明老师也表达了参加名师工作室的收获和感想。

这一年，非常有幸能有这样一个机会与工作室的老师们一起研究、思考。给我印象最深刻的是2022年10月上的一节公开课《行程问题》，课后听了专家的点评，我对本堂课有了更多的启发与思考。比如在初识行程问题后，学生对于其中的数量关系存在的困惑点在哪里？本节课的重点应落在哪里？学生学习行程问题后掌握到了什么程度？这些问题其实在课前通过调研、试讲等方式就可以有所了解，但由于我对“速度”的理解和认识不到位，导致学生们在课堂上对于“速度”特别想问的问题、他们真实的思考没有被及时地发掘出来，由此也让我意识到学生学科素养培养的重要性。之后，我会继续钻研新课标，进一步改进自己在课堂上存在的不足，多学习、多反思，今后在数学课堂上高效提质继续努力前行。

——赵震小学数学名师工作室郑燕老师

2023年有幸参与赵震小学数学名师工作室教研活动，这一年我对课题的研究方向更明确了，也找到了与我合作研究的老师们，为此我感到特别高兴，也期待新一学年的共同探讨、学习。

——赵震小学数学名师工作室冉国明老师

（案例提供者：北京育翔小学回龙观学校　郑燕　邸馨瑶）

第三节　丰富乡村学生课后活动内容

访谈发现，丰富的课下活动可以改变学生的学习态度。乡村学校应该借助城镇学校的资源支持，发展出系统化、体系化、多样化的学生活动，使乡村学生从活动中获得乐趣，获得成就感，获得对学校的归属感、对老师的认同感，从而让学生获得更加积极主动的学习态度，提升综合素养。

访谈发现，学生综合实践活动课程和社团课程是学生课后活动的两个重要组成部分，也是提升乡村学生综合素养、开阔视野的重要场域，丰富的课余生活可以充分提升学校的吸引力和学生学习的积极性。因而乡村学校应当借助城乡中小学一体化发展的平台，积极整合校内外资源，丰富学生的课后活动。乡村学校可以先通过城乡学校的交流活动，学习城镇学校开发学生实践活动课程和社团课程的经验；然后，可以在城镇学校的指导下，尝试整合校内资源，不仅可以从学科融合的角度，挖掘学科教学中适合学生实践活动的内容，丰富学生实践活动课程和社团课程的内容，而且可以发挥教师的主观能动性，基于教师的特长和兴趣，充分挖掘校内外资源，开发和设计综合实践活动与社团课程。

下面以北京市昌平区大东流中学为例进行介绍。

大东流中学丰富学生综合实践活动

北京市昌平区大东流中学位于昌平和顺义交界的乡村地区，地理位置偏远，周边乡镇教学资源相对匮乏，为了提升学生综合实践活动的质量，学校负责综合实践活动的宗历老师积极挖掘校内外资源。首先，学校教师抓住学生参观北京科学中心时对“酸雨对建筑物的腐蚀作用”的展项产生了浓厚兴趣的契机，引导学生思考“酸雨是如何产生的”“有哪些危害”“我们身边有没有酸雨”“如何预防酸雨的发生”等问题，在参观活动中引导学生确定综合实践活动的选题。接着，教师引导学生自由组建团队，并对学生开放了学校的机房、实验室，请学生采用调查、实验、模拟制作等多种研究方法，围绕酸雨展开实证研究。

学生在研究的过程中，需要调动多学科的知识和能力解决问题，提升了综合素质。例如在设计实验探究酸雨对种子萌发的影响的环节，学生不仅认识到了酸雨对植物生长的危害，而且巩固了生物实验设计的方法，锻炼了学生的动手能力；在实验现象与预期产生差异时，学生需要查阅文献寻求原因，培养了学生的科学探索精神；在对本地雨水进行持续性酸度测量的过程中，学生体会到了科学家的辛苦；在调查煤改清洁能源对普通村民的影响时，学生体会到了环境保护不是口号，环境质量的提升是每家、每户、每人共同努力的结果。

图 6－7 即为大东流中学的学生在北京市中小学环境教育系列活动中讲解“自制酸雨模拟器”。

图 6－7　大东流中学的学生在北京市中小学环境教育系列活动中讲解“自制酸雨模拟器”

（图片提供者：北京市昌平区大东流中学　宗历）

同时，为了提升“探秘酸雨”这一主题综合实践活动的育人能力，学校多次邀请北京市特级教师、北京教育学会中小学综合实践活动研究会副理事长徐军，北京教育科学研究院基础教育研究中心综合实践活动教研室主任梁烜，昌平区综合实践活动教研员王欣等多位综合实践活动方面的专家来到学校指导教师完善教学设计、提出相关修改建议。最后，在学生、教师的共同努力下，《酸雨探秘》案例视频和文本资料被教育部“国培计划”远程培训项目录用。大东流中学成功承办了“北京市中学综合实践活动教学观摩研讨会”，《酸雨探秘》等四节观摩课通过线上线下相结合的方式，向全市综合实践活动教研员及教师进行了展示，助力了大东流中学成功申报北京市综合实践活动课程实施特色学校。任课教师基于该案例的教学设计获得北京市中小幼第三届“京教杯”青年教师基本功培训和展示活动一等奖。

（案例提供者：北京市昌平区大东流中学　宗厉　郭少明）

如果校内教师自主资源开发难度比较大，乡村学校也可以在做好顶层设计的基础上，先引入优质的学生综合实践活动和社团课程，例如运动、科技、艺术文化等项目。例如，在两校协商一致的基础上，乡村学校可以先引入城镇学校的综合实践活动和社团课程；然后，乡村教师可以先观摩、学习，再做本地化的综合实践活动课程和社团课程的设计。值得注意的是，在课程引入的过程中，乡村学校要充分考虑自身的特色、校园文化及学生特征。

第七章　城乡中小学一体化发展中存在的问题与展望

第一节　发展中存在的问题

城乡中小学一体化发展中存在的问题主要体现在以下几个方面。

一、城镇学校自身精力有限

在城乡中小学一体化发展过程中，被选为资源输出的学校虽然都是发展基础较好、教育教学质量较高的学校，但是其自身发展也需要大量的人力和物力，特别是有的学校在多个城乡中小学一体化发展项目均承担资源输出校，在城镇学校自身精力的限制下，有些项目难以深入开展。

二、乡村学校自身发展定位不够清晰

城乡中小学一体化发展项目给了城乡学校交流与学习的平台，需要乡村学校有清楚的定位和需求，城镇学校才能精准地给予支持。但是，在项目的实际推行过程中，有的乡村学校未能精准分析出自己学校的发

展定位或发展面临的问题和需求，导致城乡学校在制订一体化发展方案的时候覆盖面大，但是内容笼统，没有精准、清晰地聚焦，最后导致城乡学校之间的交流流于形式，乡村学生发展提升效果不明显。

三、受学校和教师的主观能动性影响较大

城乡中小学一体化发展是促进城乡教育均衡，提升乡村学生发展质量的有效方法，但是其实施效果与学校和教师的主观能动性密切相关。在城乡中小学一体化发展项目的实施过程中，需要城乡学校之间和城乡学校的教师之间进行充分的交流与沟通，如果城乡学校间积极沟通、深入交流，重视并充分利用城乡中小学一体化发展这个平台，那么城乡学校之间交流和合作的内容的深度与广度都会增加。同时，学校层面的重视会传递到教师层面，城乡教师间交流的频次、内容和广度都会有所增加，而交流增加后，教师的素养也会明显提升。

四、评价机制不够健全

目前，城乡中小学一体化发展缺少科学、系统的评价机制。虽然定性研究发展城乡中小学一体化发展可以提升乡村学校的办学质量和教师的综合素养，从而提升乡村学生的发展质量，但是还缺少规范的评价机制来进行评价。

五、难以解决教师自身需要长时间沉淀的问题

调查显示，城乡中小学一体化发展项目对乡村教师的教学技能、多学科融合教学能力和教学艺术上的提升效果不明显。仅有 17.20% 的教师认为该项目帮助其发展了教学技能；12.90% 的教师认为该项目帮助

其提升了学科融合教学能力；认为该项目帮助其形成了独特的教学艺术的教师仅占 8.60%。而这几个维度都需要教师自身的长时间沉淀才能显现出相应效果。

第二节　展望

基于本书的研究成果，下面提出对于城乡中小学一体化发展的几点展望。

一、科学评估城镇学校的带动能力

优质城镇学校在城乡中小学一体化发展项目中作为资源输出单位，精力有限，因而在城乡中小学一体化发展项目的设计阶段可以通过调研等方式，科学评估城镇学校的资源辐射能力，避免城镇学校负担过重，不符合可持续性原则。

二、准确定位乡村学校的发展需求

乡村学校在积极参与城乡中小学一体化发展项目时，应在项目方案的设计阶段做好学校的整体规划，明确自身发展定位与需求，清晰判断在城乡中小学一体化发展项目中可以获得与想要获得的支持和帮助，积极与城镇学校建立联系，给予城镇学校清晰的指导目标，从而最大限度地发挥城乡中小学一体化发展项目对乡村学校发展的助力作用。

三、适当延长项目周期

目前，城乡中小学一体化发展的项目实施周期可以考虑适当延长，因为乡村学生发展质量提升需要时间的积累与沉淀。例如，本书的研究调查的样本是从2018年开始参与城乡中小学一体化发展项目，周期为3年。问卷调查显示，行为习惯、美育实践的教师评价得分均低于总体的均值3.36，提升空间较大。其中，行为习惯得分是3.10，这说明乡村学生举止文明、礼貌待人、自己事情自己做等方面的行为习惯有改善，但是仍有提升空间；美育实践得分是3.30，表示未来可以为乡村学生提供更多机会参加艺术展览、观看文艺演出等美育实践活动；整体得分较高的学业水平这个维度里的学习成绩这个指标的得分也相对较低，为3.12，这表示乡村教师课堂组织方式在更注重探究性、体验性和参与性后，乡村学生的学业成绩有所提升，但是还不够理想。

不难看出，行为习惯、学习成绩和美育实践三个方面的共同特征是其提升过程需要长时间积累，提升加速度比较慢。但是这些指标也在稳步前进，如教学主任B表示在城乡一体化发展后，他所在的学校已经连续3年被评为教育质量优秀学校，英语、语文、数学、体育这几个学科能看到明显的进步。但是，本书调查的项目校参与的城乡中小学一体化发展项目的实施周期仅为3年，项目结束后，除了集团化办学的乡村学校仍有总校的支持外，其他的乡村校失去了城镇学校的助力。例如校长A表示："在城乡中小学一体化发展项目中，我们刚看到学生质量提升，项目就结束了，后面和城镇学校的联系也就中断了。"乡村学生发展质量提升需要时间的积累，因而，建议在城乡中小学一体化发展项目设计的过程中，可以考虑适当延长项目周期。

四、适当增加项目覆盖的维度

问卷调查结果显示，城乡中小学一体化发展项目实施后，乡村学生发展质量提升的维度主要覆盖到《学生发展质量评价》中12个指标的5个，覆盖维度较少。问卷调查中涉及的乡村学生发展质量提升效果的评价维度来源于城乡中小学一体化项目学校的项目实施与总结资料和访谈资料体现的一些工作重点，从中可以看出，乡村学生发展质量提升的维度和城乡中小学一体化发展项目的工作重点高度吻合，因而，为了更全面地提升乡村学生发展质量，城乡中小学一体化发展项目的主要工作重点和覆盖维度有待进一步扩展。

五、匹配合适的城乡一体化发展路径

乡村学校学生发展质量提升面临的困境不同，在城乡中小学一体化项目的设计阶段，前期可以适当调研，从而基于乡村学校发展的需求，匹配合适的城乡中小学一体化发展路径。目前，乡村中小学大致分为两类，一类是发展基础好、有特色、发展规划和定位清晰的学校，如访谈中校长B所说："城乡中小学一体化发展对我们提升学生发展质量最大的作用是帮我们连接到城里我们连接不到，但是又十分需要的资源，这对我们来说就够了。"另一类是发展基础薄弱，没有清晰的发展规划的学校，对这类学校来说，单纯的优质资源引进不能从根本上解决学生发展质量低的问题。如教学主任C表示："在城乡中小学一体化发展项目中，我们的学生发展质量提升的关键是学校的管理架构更新了。"

因而，发展特征和发展基础不同的乡村学校在提升乡村学生发展质量上面临的问题和需要的支持不同，未来有待通过前期调研进一步依据乡村学校发展特征和发展需求，更精准地帮助乡村学校匹配其合适的城镇学校，并设计更合适的城乡中小学一体化发展路径。

六、注重激发乡村教师的主观能动性

目前，多数教师是按照学校的安排参与城乡中小学一体化发展项目，城乡学校间虽然建立了一体化发展的关系，但是彼此之间了解比较少，在这种情况下，需要乡村教师充分发挥主观能动性，积极与城镇学校的教师交流想法和需求，城镇学校与其教师才能充分利用自身的资源和经验优势，助力乡村教师成长。

当前，城乡中小学一体化发展项目并没有覆盖所有的乡村学校，对于项目没有覆盖到的乡村学校来说，虽然不能通过学校层面与城镇学校建立联系，但是可以在精准分析自身发展需求的基础上，主动与城镇学校的相关教师建立联系，以充分利用城镇教育资源。

可见，乡村教师的主观能动性是城镇资源是否可以有效助力乡村学生发展的重要影响因素之一。以昌平区大东流中学的宗厉老师为例，宗老师所在的大东流中学位于昌平区和顺义区交界的乡村地区，地理位置相对偏远，是一所小规模乡村初中校。由于学校师生人数较少，学科教学单人单岗现象普遍，有的教师甚至需要同时承担多个学科的教学任务，比如宗老师就需要同时承担生物、化学两门中考学科的教学工作，同时还负责学校综合实践活动及科技竞赛的相关工作。同组教师集体备课环节的缺失对宗老师的专业发展带来了较大的困难。为了提升个人专业素养，宗老师便充分发挥了自己的主观能动性，主动寻找外部资源助力。

一是在学校的支持下，宗老师主动加入了昌平区化学名师仇永红老师初中化学工作坊，解决了学校内部缺少同组教师研讨的问题，获得显著成长。宗老师积极参与名师工作坊的研讨活动，在《溶液》这一单元教学设计活动中，宗老师结合备课组设计的“海水稻”这一单元整体教学情境，充分发挥其多学科的背景优势，设计了模拟海水稻选育过程的学生实践探究活动，并得到了同行好评。此后，宗老师以此为例在昌平区初中化学学科教研活动中做了题为《明溶液之“理”，达海水稻之“义”——学科实践：模拟海水稻选育》的说课展示。同时，该案例被收录到题为《基于 UbD 理论的溶液项目化学习设计与实践——以“测定水稻的耐盐性”为例》的论文中，并发表于《教育与装备研究》。

二是主动邀请专家指导，提升模拟海水稻选育的综合实践活动成果。宗老师借学校邀请生物专家进校园指导教学的机会，主动向专家展示模拟海水稻选育的综合实践活动设计与实施成果，请专家提出改进意见后，宗老师依据专家意见指导学生制定了测量发芽率、根的长度、芽的高度等定量描述指标，详细记录了不同浓度盐水胁迫下，不同品种水稻的生长情况，并整理了实验数据，撰写了实验报告。

三是主动关注学生比赛，给予学生交流展示成果的平台，促进学生综合素质提升。交流展示成果是提升学生自信心、开阔学生眼界、提升学生综合素质的重要方式，宗老师主动与科技专家联系，关注科技比赛。在相关科技教育专家的推动下，环球自然日——青少年自然科学知识挑战赛北京赛区昌平分赛场由昌平区科学技术协会主办、昌平第二中学承办。在相关专家的鼓励下，宗老师引导学生利用科学站台展示研究成果，最后学生项目《我眼中的海水稻》获得北京赛区一等奖并获得了晋级国赛的资格，吴依娜和翟欣悦同学作为北京赛区代表奔赴上海，与来自全国的 16 个赛区的 764 支队伍进行激烈角逐，并最终获得全国总决赛一等奖的优异成绩（见图 7－1）。

图 7－1　大东流中学的宗厉老师带领吴依娜和翟欣悦同学参加环球自然日 2023 年度总决赛

（图片提供者：北京市昌平区大东流中学　宗厉）

（案例提供者：北京市昌平区大东流中学　宗厉）

从宗老师的案例中我们可以看出，在城乡中小学一体化发展的背景下，乡村教师主动联系城镇学校的名师和专家等优质教育资源的主观能动性十分有意义，它不仅可以加速乡村教师的专业化成长，而且可以切实帮助乡村学生走向更大、更高的平台，提升乡村学生的综合能力，开阔乡村学生的视野。未来，在城乡中小学一体化发展项目的推进过程中，需要重视激发乡村教师的主观能动性。

七、健全评价机制

城乡中小学一体化发展对乡村学生发展质量的提升效果受到诸多因

素的影响，参差不齐。以北京市昌平区为例，自 2018 年开始，该项目已经实施多年，经过了多年的探索和经验积累。为了提升城乡中小学一体化发展对乡村学校发展的效果，应在充分调研的基础上，健全评价机制，以评价促发展，切实提高发展效果。

后　记

事物是复杂多样的，在认识一个事物的过程中，尽管我们竭尽全力去收集尽可能多的信息资料，以求客观真实地认识它，但是因为我们本身就带着个人阅历的滤镜，所以我们只能无限地靠近真实，或者是靠近真实的一面。因而，在认识一个事物的过程中，我们需要许多人从不同的角度分析它，在不同的时间点分析它。

城乡中小学一体化发展也是众多事物中的一个，本书观察它的视角是从城乡中小学一体化发展对乡村学生发展质量提升的影响上，除了这个视角以外，它还有许多方面值得我们去探究。就城乡中小学一体化发展对乡村学生发展质量提升的影响这一方面，尽管我尽力做到客观且理性地认识和分析它，但是难免也会有个人阅历的局限。

因而这本书只是帮助我们靠近“城乡中小学一体化发展对乡村学生发展质量提升的影响”这一问题的真实的一块砖，它能帮助我们进一步靠近真实。我们还需要很多的人，走很长的路，才有可能无限地靠近真实，客观、理性、尽可能全面地认识城乡中小学一体化发展对乡村学生发展质量提升的影响这一事物。

本书即将付梓，衷心感谢昌平区教委基础教育科科长张建飞、北京市第一六一中学回龙观学校校长李小奇的鼓励和大力支持。衷心感谢中国教育科学研究院王鑫、北京教育督导评估院邢利红、北京教科院基础教育研究所赵艳平、昌平区教师进修学校奚燕、原北京师范大学附属实验学校鄂文艳等专家和老师的悉心指导。衷心感谢北京市第一六一中学回龙观学校教学副校长王丽娟、北京市第一六一中学回龙观学校原副校长张小永、北京市昌平区大东流中学校长郭少明、北京市昌平区黑山寨学校校长杨长山、首都师范大学附属回龙观育新学校执行校长王强、首都师范大学附属回龙观育新教育集团沙河校区教学副校长李朝阳、首都师范大学附属回龙观育新学校初中教导处主任李雪莹、昌平二中教育集团回龙观校区教学副校长谭兴、昌平二中教育集团实验二小校区教学副校长赵红艳、昌平一中教育集团天通苑校区党支部书记董占红、昌平一中教育集团中滩校区教学主任邓国丽、北京育翔小学回龙观学校副校长赵震、清华附中昌平悦府小学校长杨莹、清华附中昌平悦府小学教学辅助中心副主任吕蕾、首都师范大学附属昌平学校教学副校长张晓丽、霍营中心小学副校长于长平、天通苑学校副校长董丽娜等领导在调研阶段的支持。衷心感谢昌平区教委李仲和陈刚老师在数据资料收集上的帮助。衷心感谢北京市第一六一中学回龙观学校张婷婷、王泓渲、石琦琦、吕梦雅和邵晓星老师在书稿文字校对上的辛苦付出。

张思梦

2023 年 12 月于北京

附录1

城乡中小学一体化发展对乡村学生发展质量提升的影响教师调研问卷（节选）

尊敬的老师您好，十分感谢您于百忙之中抽出时间来填写此问卷，我们在此承诺：将严格遵守保密协议，此问卷数据仅用于《城乡中小学一体化发展对乡村学生发展质量提升的影响研究》的课题研究，不用作其他用途，请您放心填写。再次感谢您对课题组的支持与帮助！

1. 请问您所在的学校是：________________________

2. 您所教的科目是：

小学□　初中□　高中□　科目________________________

3. 从教年限：

A. 3 年以下　　B. 3 ~ 6 年　　C. 6 ~ 10 年　　D. 10 年以上

4. 请您对集团内（或者城镇的“手拉手”学校）组织的以下活动对您“教学技能”提升的情况评分（1 分表示效果最小，5 分表示效果最大）

项目	1分	2分	3分	4分	5分
A. 针对教学技能的培训与讲座					
B. 联合教研活动					
C. 师徒结对活动					
D. 共享的课程资源					
E. 跟岗实习					
F. “手拉手”学校的专家入校指导					
G. 名师工作坊					
H. 其他专家入校指导					

5. 这些针对“教学技能”提升的活动主要给您带来了哪些方面的成长?（多选）

A. 更能把握教材中的重难点

B. 提升课堂设计能力：学生自主探究的环节多了、课堂结构更合理了

C. 学科知识结构更清晰、系统了

D. 帮助提升对学科知识体系和学科本质的把握

E. 对学科本质和学科思想方法有了更深的理解

F. 提升学科融合教学能力

G. 发展教学技能，熟练上课

H. 发展教学艺术，上课有独特的设计

6. 请你对集团内（或者城镇的“手拉手”学校）组织的以下活动对您“了解学生”的情况评分（1 分表示效果最小，5 分表示效果最大）

项目	1分	2分	3分	4分	5分
A. 有关学生心理特征的培训					
B. 师徒结对活动					
C. 跟岗实习					
D. 名师工作坊					
E. “手拉手”学校的专家入校指导					
F. 其他专家入校指导					

7. 这些针对“了解学生”的活动主要给您带来了哪些方面的成长？（多选）

A. 无

B. 更准确了解学生学科学习过程中可能遇到的困难，为备课做好准备

C. 准确把握学生学习困难点、心理特征，能自如应对学生出现的各种问题

D. 掌握对不同水平的学生的教学方法，因材施教，发挥学生最大的潜能

8. 集团内（或者城镇的“手拉手”学校）组织的“教学研究能力”的提升等活动对您有哪些方面的帮助？（多选）

A. 无

B. 初步开展教育教学研究

C. 开展教育研究

D. 提升教育教学改革能力

E. 形成思想，理论提升

F. 围绕重大问题开展深度研究，系统总结形成教育思想，扩大影响

9. 您认为您的以上几个方面的成长对学生发展有哪些方面的提升？

（多选）

A. 学业成绩提升

B. 举止文明，礼貌待人，自己事情自己做等

C. 掌握有效的学习方法，善于合作学习，具有学习的自信心和自主学习意识等

D. 创办的社团、学生活动为学生提供平台，开阔了学生视野

E. 提升了学生自主探究、独立思考、发现问题、解决问题的能力

F. 具备学科思维和基本思想方法

G. 提升了学生实验设计和操作能力

H. 培养了学生的阅读习惯，提升了阅读量和阅读理解能力

I. 有更多机会参加艺术展览、观看文艺演出等

J. 其他

10. 您是否同意学校集团化（或者与城镇学校“手拉手”）后学生以下几个方面提升特别大？（多选）

A. 学业成绩提升

B. 举止文明，礼貌待人，自己事情自己做等

C. 掌握有效的学习方法，善于合作学习，具有学习的自信心和自主学习意识等

D. 创办的社团、学生活动为学生提供平台，开阔了学生视野

E. 提升了学生自主探究、独立思考、发现问题、解决问题的能力

F. 具备学科思维和基本思想方法

G. 提升了学生实验设计和操作能力

H. 培养了学生的阅读习惯，提升了阅读量和阅读理解能力

I. 有更多机会参加艺术展览、观看文艺演出等

11. 您认为集团内（或者城镇的“手拉手”学校）协助组织的多种学生活动、社团课对学生有哪些方面的提升：____________________

____

附录2

城乡中小学一体化发展对乡村学生发展质量提升的影响访谈提纲

1. 资源输出校和资源输入校之间的管理关系是什么？

2. 和资源输出校联系最紧密的教育教学活动有哪些？例如学科教学、队伍建设、教育教学管理等，其具体的内容和开展方式是怎么样的？

3. 资源输出校输出的资源或者是在资源输出校的帮助下开展的活动中，对学生发展质量提升最有帮助的地方在哪里？对学生有哪些方面的提升？

4. “手拉手”项目、集团化项目的开展，能看到学生哪些方面明显的变化？可能的原因是什么？

5. 简单介绍学校学生的城乡来源构成。